L'autore

Aurelio Agostino d'Ippona (latino: Aurelius Augustinus Hipponensis; Tagaste, 13 novembre 354 – Ippona, 28 agosto 430) è stato un filosofo, vescovo e teologo latino.

Padre, dottore e santo della Chiesa cattolica, dove è conosciuto semplicemente come sant'Agostino, è detto anche Doctor Gratiae ("Dottore della Grazia"). Secondo Antonio Livi, filosofo, editore e saggista italiano di orientamento cattolico, è stato «il massimo pensatore cristiano del primo millennio e certamente anche uno dei più grandi geni dell'umanità in assoluto».

Agostino compose il "**De vera religione**" fra il 389 e il 390 a Tagaste, appena tornato in Africa dopo un lungo e determinante soggiorno in Italia. L'opera risente molto del clima spirituale della cosiddetta conversione milanese (estate-autunno del 386). Nella sua relativa brevità è quasi una piccola "summa" dell'agostinismo, contenendo infatti una trattazione dei temi più importanti cui il filosofo avrebbe dedicato le opere successive. Se, da un lato, il suo pensiero seguì una naturale evoluzione nel corso degli anni, dall'altro si può notare come, rileggendo l'opera, il vecchio vescovo ormai prossimo alla morte, non ebbe da fare, nelle "Retractationes", che annotazioni molto marginali, e solo in caso di disapprovazione: il che conferma il duraturo significato del libro per l'intera parabola evolutiva del pensiero agostiniano.

CAPITOLO I

DISACCORDO TRA DOTTRINA E CULTO NEI FILOSOFI PAGANI

1.1. La via che conduce alla vita buona e felice risiede nella vera religione, con cui si onora l'unico Dio e, con purissima pietà, si riconosce in Lui il principio di tutte le creature, per il quale l'universo ha un inizio, un compimento ed una capacità di conservazione. Da ciò emerge con maggiore evidenza l'errore di quei popoli che preferirono adorare una moltitudine di dèi anziché l'unico vero Dio, Signore di tutto; tale errore è in relazione al fatto che i loro sapienti, chiamati filosofi, pur appartenendo a scuole tra loro in contrasto, frequentavano i medesimi luoghi di culto. Non sfuggiva infatti né ai popoli né ai sacerdoti quanto fossero diverse le loro posizioni sulla natura degli dèi, dal momento che nessuno di essi aveva ritegno a rendere pubblica la propria opinione e, se possibile, faceva in modo da persuaderne gli altri; eppure tali sapienti, insieme ai loro seguaci, anch'essi di opinione diversa e perfino contraria, partecipavano tutti agli stessi riti sacri, in piena libertà. Ora, non si tratta di stabilire chi di loro abbia pensato in maniera più conforme al vero; di certo però, a quanto mi sembra, è abbastanza chiaro che essi, in materia di religione, con il popolo sostenevano una posizione, mentre in privato, ma con lo stesso popolo che ascoltava, ne difendevano un'altra.

CAPITOLO II

SOCRATE SI LIBERA DELL'IDOLATRIA, MA RESTA ANCORA LONTANO DAL VERO IO

2.2. Si dice comunque che Socrate fosse più impudente degli altri, in quanto giurava su qualsiasi cane o pietra o cosa che si trovasse davanti o che, per così dire, gli capitasse per le mani al momento di giurare. A mio avviso, comprendeva che qualsiasi opera della natura, generata con il governo della divina Provvidenza, è di gran lunga migliore di quelle fatte dagli uomini e da qualsivoglia artigiano e perciò è più degna di onori divini degli oggetti che sono adorati nei templi. Quindi lo faceva non già perché davvero i sapienti dovessero adorare la pietra e il cane, ma perché, in tal modo, chi ne era capace comprendesse che gli uomini erano sprofondati in una superstizione così grande che occorreva mostrare, a chi ne stava uscendo, che il livello a cui si era pervenuti era tanto turpe, perché si rendesse conto che, se era vergognoso pervenirvi, molto di più lo era restare ad un livello ancora più turpe. Nello stesso tempo, a coloro i quali credevano che questo mondo visibile fosse il sommo Dio, egli faceva rilevare la loro bassezza morale, mostrando che ne scaturiva, come conseguenza, l'opinione per cui era legittimo adorare una pietra qualsiasi allo stesso modo di una sua particella. Se la cosa pareva loro esecrabile, dovevano cambiare opinione e cercare l'unico Dio che, come sappiamo, è il solo ad essere sopra le nostre menti ed è colui dal quale sappiamo che è stata creata ogni anima e questo mondo nella sua totalità. In seguito, di queste cose scrisse anche Platone, ma in modo più piacevole a leggersi che efficace a persuadere. Questi, come Socrate, invero non era nato per far passare i popoli dalla superstizione degli idoli e dalla vanità di questo mondo all'autentico culto del vero Dio. Socrate stesso, del resto, venerava gli idoli insieme al popolo, eppure, dopo la sue condanna a morte, nessuno osò più giurare su un cane o dare il nome di Giove ad una pietra: di queste cose si tramandò soltanto il ricordo mediante gli scritti. Non spetta a me giudicare se ciò sia stato fatto per timore di pena o per adattamento ai tempi.

CAPITOLO III

IL CRISTIANESIMO COME VERA RELIGIONE E LA SUA DIFFUSIONE UNIVERSALE

3.3. Posso tuttavia dire, con la massima sicurezza e con buona pace di tutti coloro che amano ostinatamente i loro libri, che non si può dubitare, in questi tempi segnati dal Cristianesimo, quale religione sia da preferire e costituisca la via per la verità e la felicità. Se infatti Platone stesso fosse vivo e non disdegnasse le mie domande o, piuttosto, se qualcuno dei suoi discepoli l'avesse interrogato quando era ancora in vita, egli lo avrebbe persuaso che la verità non si vede con gli occhi del corpo, ma con la mente pure; che qualunque anima, che a questa verità aderisca, diviene felice e perfetta; ma che nulla le impedisce di coglierla più di una vita dedita ai piaceri e delle false immagini di cose sensibili, le quali, impresse in noi da questo mondo sensibile attraverso il corpo, sono fonte di opinioni diverse e di errori. E che, perciò, bisogna risanare l'animo perché possa fissare lo sguardo sull'immutabile forma delle cose e sulla bellezza che si conserva sempre uguale e in ogni aspetto simile a se stessa, non divisa dallo spazio né trasformata dal tempo, unitaria e identica in ogni sua parte. Una bellezza della cui esistenza gli uomini diffidano, mentre esiste davvero e al massimo grado. Inoltre, lo avrebbe persuaso che tutte le altre cose nascono, muoiono, scorrono, svaniscono, ma tuttavia, in quanto sono, sussistono create dall'eterno Dio mediante la sue verità; e che, fra queste cose, soltanto all'anima razionale e intellettuale è stato concesso di godere della contemplazione della sua eternità, di ornarsene e di poter meritare la vita eterna. Però gli avrebbe fatto anche presente che, finché è presa dall'amore e dal dolore per le cose che nascono e passano e, dedita alle consuetudini di questa vita e ai sensi del corpo, si perde dietro a vuote immagini, essa irride a chi afferma che vi è qualcosa che non può né essere visto con questi occhi né essere pensato mediante immagini, ma che può essere percepito soltanto dalla mente e dall'intelligenza. Qualora dunque quel discepolo, mentre il maestro lo persuade di queste cose, gli domandasse — nel caso in cui esista un uomo grande e divino che riesca a convincere i popoli per lo meno a credere tali cose, quando non siano capaci di comprenderle; o ad impedire che quelli che ne sono capaci, in quanto non inviluppati nelle perverse opinioni della moltitudine, rimangano sopraffatti dagli errori comuni — se lo giudica degno di onori divini, credo che risponderebbe che ciò non può essere opera di un uomo; a meno che la Virtù e Sapienza stessa di Dio non lo abbia sottratto alle leggi della natura e, dopo averlo istruito fin dall'infanzia non con un insegnamento umano ma con un'illuminazione interiore, non lo abbia ornato di tanta grazia, dotato di tanta fermezza, infine elevato con tanta maestà da convertire il genere umano, con sommo amore e autorità, ad una fede così salutare, disprezzando tutto ciò che i perversi desiderano, sopportando tutto ciò di cui hanno orrore e facendo tutto ciò che guardano con ammirazione. Riguardo invece agli onori dovuti a tale uomo, invero sarebbe stato inutile chiedere a Platone un parere, poiché si può facilmente comprendere quali grandi onori si debbano rendere alla Sapienza di Dio, sotto la cui azione e guida siffatto uomo, per la vera salvezza del genere umano, ha meritato qualcosa di grande e che oltrepassa le possibilità umane.

4.4. Ora appunto è accaduto, e i libri e i monumenti lo celebrano, che da una sola regione della terra, nella quale soltanto si onorava l'unico Dio e in cui soltanto avrebbe potuto nascere un tale uomo, sono stati inviati in ogni parse della terra alcuni uomini eletti, i quali hanno suscitato il fuoco dell'amore divino con le loro opere virtuose e con la loro predicazione e, dopo aver consolidato la dottrina di salvezza, hanno lasciato ai posteri le terre ricolme di luce. Per non parlare di eventi passati a cui qualcuno potrebbe anche non credere, oggi tra le genti e i popoli si annunzia: In principio era il Verbo, e il Verbo era presso Dio, e il Verbo era Dio. Egli era in principio presso Dio: tutto è stato fatto per mezzo di Lui e niente senza di Lui. E, per far sì che questa verità sia compresa, amata e goduta, di modo che l'anima sia risanata e l'occhio della mente si rinvigorisca per accogliere una luce così grande, agli avari si dice: Non accumulate tesori sulla terra, dove la tignola e la ruggine consumano, e dove i ladri scassinano e rubano; accumulate invece tesori nel cielo, dove né la tignola né la ruggine consumano, e dove i ladri non scassinano né rubano. Perché là dov'è il. tuo tesoro, ivi sarà anche il. tuo cuore; ai lussuriosi Chi semina nella carne, dalla carne raccoglierà corruzione; mentre chi semina nello spirito, dallo spirito raccoglierà vita eterna; ai superbi: Chi si esalta sarà umiliato e chi si umilia sarà esaltato; agli iracondi:Hai ricevuto uno schiaffo; porgi l'altra guancia; ai litigiosi: Amate i vostri nemici; ai superstiziosi: Il regno di Dio è in mezzo a voi; ai curiosi: Non cercate le cose che si vedono, ma quelle che non si vedono; quelle che si vedono infatti sono temporanee quelle che non si vedono eterne; e infine si dice a tutti: Non amate il mondo e ciò che è del mondo, perché tutto quello che è nel mondo è concupiscenza della carne, concupiscenza degli occhi e superbia mondana.

5.5. Queste massime oggi vengono lette ai popoli in tutto il mondo e sono ascoltate con la più schietta venerazione. Dopo tanto sangue, tanti roghi, tante croci di martiri, le chiese infatti sono sorte con tanta maggiore fertilità ed abbondanza fin tra le popolazioni barbare. Ormai più nessuno si meraviglia delle migliaia di giovani e fanciulle che rinunciano al matrimonio per vivere castamente; mentre Platone, che aveva fatto lo stesso, si dice che fosse tanto condizionato dalle perverse idee del suo tempo da far sacrifici alla nature, quasi per purificarsi da un atto peccaminoso. Queste cose invece oggi sono così accettate che sarebbe una mostruosità metterle in discussione, come una volta lo era il ritenerle possibili. A questa promessa e a questo impegno, in ogni parte abitata della terra, sono affidati i misteri cristiani. Ogni giorno queste massime sono lette e illustrate dai sacerdoti nelle chiese, e coloro che si sforzano di attuarle si battono il petto; e sono così numerosi coloro che si mettono per questa via che isole un tempo deserte e terre desolate si riempiono di uomini di ogni genere, i quali, abbandonate le. ricchezze e gli onori di questo mondo, vogliono dedicare tutta la vita all'unico e sommo Dio. Infine, nelle città, nei villaggi, nei luoghi fortificati, nei borghi e anche nelle campagne e nelle private dimore questa scelta è così condivisa e la fuga dai beni terreni per consacrarsi all'unico vero Dio così cercata, al punto che ogni giorno per l'intero universo il genere umano quasi ad una sola voce risponde di avere i cuori in alto rivolti a Dio Se è accaduto tutto ciò, perché dunque sbadigliamo ancora per le gozzoviglie di ieri e ricerchiamo i segni della volontà divina negli animali sacrificati? E perché, quando si viene ad una discussione, preferiamo avere la bocca che risuona del nome di Platone piuttosto che il cuore ripieno della verità?

CAPITOLO IV

NON MERITANO CONSIDERAZIONE I FILOSOFI CHE RESTANO ATTACCATI ALLE REALTÀ SENSIBILI

4.6. Chi, dunque, reputa cosa inutile o dannosa il disprezzo di questo mondo sensibile e la purificazione dell'anima con la virtù, sottomettendola al sommo Dio, deve essere confutato con altri argomenti, se mai vale la pena di discutere con lui. Chi invece ammette che è cosa buona e desiderabile cerchi di conoscere Dio e si sottometta a Lui per mezzo del quale ormai tutti i popoli si sono persuasi che queste verità vanno credute. Di certo lo farebbero anche i filosofi, se ne fossero capaci; oppure, se non lo facessero, non potrebbero evitare l'accusa di essere invidiosi. Prendano atto della loro inferiorità rispetto a chi è stato capace di farlo; la curiosità e la vana presunzione non impediscano loro di riconoscere la differenza che c'è tra le timide congetture di pochi e la manifesta salvezza e rigenerazione dei popoli. Se infatti ritornassero in vita quegli illustri uomini dei cui nomi costoro si gloriano e trovassero le chiese gremite e i templi deserti, e il genere umano che, non più attratto dalla cupidigia dei beni temporali e caduchi, corre verso la speranza della vita eterna e verso i beni dello spirito e dell'intelletto, forse direbbero (se fossero tali quali si tramanda che siano stati): "Queste sono le verità di cui non abbiamo osato persuadere i popoli; abbiamo ceduto ai loro costumi di vita invece di condurli alle nostre convinzioni e ai nostri propositi".

4.7. Pertanto, se quei grandi uomini potessero di nuovo vivere con noi, di certo si renderebbero conto qual è l'autorità che più facilmente provvede all'umanità e, operato qualche cambiamento nel linguaggio e nel modo di pensare, diventerebbero cristiani, come hanno fatto la maggior parte dei Platonici dell'epoca più recente e della nostra. Se invece non lo riconoscessero e non lo facessero, perseverando nella superbia e nell'invidia, non vedo come, impigliati in queste meschinità, sarebbero capaci di rivolgersi di nuovo verso quei beni che, anche a loro avviso, si devono amare e desiderare. Non so poi se tali uomini si facciano ostacolare da un terzo vizio, cioè dalla curiosità di consultare i demoni: è, questo, un vizio troppo puerile; eppure è quello che allontana dalla salvezza cristiana in modo particolare i pagani, con i quali abbiamo ore a che fare.

CAPITOLO V

LA CHIESA CATTOLICA E LE SUE SETTE

5.8. Ma, quale che sia la presunzione dei filosofi, per chiunque è facile capire che la vera religione non va cercata tra coloro che condividevano con il popolo gli stessi culti, mentre nelle loro scuole, pur in presenza della medesima moltitudine, proclamavano dottrine diverse e persino opposte sulla natura degli dèi e sul sommo bene. Perciò, anche se l'insegnamento cristiano non avesse fatto altro che guarirci da questo unico grande vizio, nessuno potrebbe dire che non sia da celebrare con ineffabile lode. Le innumerevoli eresie, che si sono allontanate dalla discipline cristiana, attestano che sono esclusi dalla partecipazione ai sacramenti coloro che, intorno a Dio Padre, alla sua Sapienza e al Dono divino, pensano in modo diverso da come la verità richiede e cercano di convincerne gli altri. Così in effetti si crede e si insegna — cosa che è principio della salvezza umana — che la filosofia, cioè l'amore della sapienza, e la religione sono la stessa cosa, dal momento che non partecipano con noi ai sacramenti coloro di cui non condividiamo la dottrina.

5. 9. Ciò desterà poca meraviglia in riferimento a coloro che vollero differenziarsi anche nella liturgia sacramentale, come lo è dei cosiddetti Serpentini, dei Manichei e di alcuni altri. Ma questo fatto va tenuto in maggiore considerazione e va fortemente sottolineato in rapporto a

coloro che, pur celebrando sacramenti identici ai nostri, tuttavia si differenziano da noi nella dottrina, preferendo difendere i loro errori con zelo piuttosto che correggerli con la dovuta prudenza. Pertanto, esclusi dalla comunione cattolica e dalla partecipazione ai suoi sacramenti, benché fossero identici ai loro hanno meritato denominazioni e assemblee proprie, non solo per il loro linguaggio ma anche per i loro culti: così i Fotiniani, gli Ariani e molti altri. Diversa è la questione relativamente a coloro che si fecero promotori di scismi. Infatti avrebbero potuto restare, come paglie, nell'aia del Signore fino al momento del vaglio finale, se non avessero ceduto, per eccessiva leggerezza, al vento della superbia e non si fossero, di propria iniziativa, separati da noi. I Giudei poi, sebbene rivolgano le loro preghiere all'unico onnipotente Dio, tuttavia, poiché si attendevano da Lui soltanto beni temporali e visibili, per eccessiva presunzione non hanno voluto riconoscere nelle loro stesse Scritture gli esordi del nuovo popolo che sorgeva dall'umiltà e così sono rimasti nella condizione dell'uomo vecchio. Di conseguenza, la vera religione non va cercata né nella confusione dei pagani né nella feccia degli eretici né nella fiacchezza degli scismatici né nella cecità dei Giudei, ma solo tra quelli che si chiamano cristiani cattolici, o ortodossi, ossia che ne custodiscono l'integrità e seguono la retta via.

CAPITOLO VI

ANCHE GLI ERRANTI RIENTRANO NEL PIANO DI SALVEZZA PREVISTO DALLA DIVINA PROVVIDENZA E REALIZZATO DALLA CHIESA

6. 10. La Chiesa cattolica, diffusa saldamente ed ampiamente per tutta la terra, si serve di tutti gli erranti per i propri fini e per farli redimere, se vorranno svegliarsi. Si serve infatti dei Gentili come terreno di proselitismo, degli eretici a riprova della propria dottrina, degli scismatici a dimostrazione della propria stabilità, dei Giudei come termine di confronto per la propria eccellenza. Pertanto invita i primi ed esclude i secondi, abbandona gli altri ed oltrepassa gli ultimi; a tutti comunque dà la possibilità di partecipare alla grazia di Dio, sia che si tratti ancora di formare o di correggere, sia che si tratti di recuperare o di accogliere. Nei confronti poi dei suoi membri carnali, cioè di coloro che vivono e giudicano secondo la carne, li tollera come la pula protegge il frumento nell'aia fino a che esso non venga liberato di tale protezione. Ma, siccome in quest'aia ciascuno è pula o frumento a seconda della sua volontà, il peccato o l'errore di ciascuno viene tollerato fino a che egli non trovi un accusatore o non difenda la sua perversa opinione con tenace animosità. Gli esclusi, poi, o ritornano perché pentiti oppure, facendo cattivo uso della libertà, si perdono nella dissolutezza, per ammonirci ad essere vigili; oppure suscitano scismi, per mettere a prova la nostra pazienza; oppure escogitano qualche eresia, per

offrirci l'opportunità di saggiare la nostra intelligenza. Questa è la sorte dei cristiani carnali, che non fu possibile né correggere né tollerare.

6. 11. Spesso la divina Provvidenza permette anche che, a causa di alcune rivolte troppo turbolente dei carnali, gli uomini buoni siano espulsi dalla comunità cristiana. Ora essi, se sopporteranno pazientemente l'ingiusto affronto per la pace della Chiesa, senza cercare di dar vita a qualche nuovo scisma o eresia, con ciò insegneranno a tutti con quanta autentica disponibilità e con quanta sincera carità si deve servire Dio. È loro intenzione infatti ritornare, una volta cessata la tempesta; oppure — se ciò non è loro concesso sia per il perdurare della tempesta sia per il timore che, con il loro ritorno, ne sorga una simile o più furiosa — non abbandonano la volontà di aiutare coloro che, con i loro fermenti e disordini, ne provocarono l'allontanamento, difendendo fino alla morte, senza ricorrere a segrete conventicole e mediante la loro testimonianza, quella fede che sanno proclamata dalla Chiesa cattolica. Il Padre, che vede nel segreto, nel segreto li premia. Questo caso sembra raro; gli esempi però non mancano, anzi sono più numerosi di quanto si possa credere. Così la divina Provvidenza si serve di ogni genere di uomini e di esempi per guarire le anime e formare spiritualmente il popolo.

CAPITOLO VII

LE RAGIONI DELLA FEDE E DELL'ADESIONE ALLA CHIESA CATTOLICA

7. 12. Perciò, mio carissimo Romaniano, poiché già da qualche anno ti ho promesso di farti conoscere il mio pensiero sulla vera religione, mi pare giunto il momento di farlo poiché, dato l'affetto che mi lega a te, non potrei consentire più a lungo che le tue domande così acute restino sospese, senza alcun esito sicuro. Lasciamo dunque da parte tutti quelli che non sanno essere né filosofi nelle questioni religiose né religiosi nelle questioni filosofiche e quanti, per un'errata convinzione o per qualche ostinato rancore, si sono allontanati dalla disciplina e comunione della Chiesa cattolica e quanti ancora non hanno voluto accogliere né la luce delle Sacre Scritture né la grazia del popolo spirituale, cioè il Nuovo Testamento, dei quali ho fatto cenno nel modo più breve possibile. Dobbiamo attenerci alla religione cristiana e alla comunione della sua Chiesa, che è cattolica ed è chiamata tale non solo dai suoi membri, ma anche da tutti i suoi nemici. Lo vogliano o no, infatti, gli stessi eretici e i sostenitori di scismi, quando parlano non fra loro ma con gli estranei, chiamano cattolica soltanto la Chiesa cattolica. Del resto, non riuscirebbero a farsi comprendere se non la distinguessero con il nome con cui è designata da tutto il mondo.

7. 13. Il caposaldo di questa religione è costituito dalla storia e dalla profezia del manifestarsi nel tempo della divina Provvidenza per la salvezza del genere umano, che doveva essere restituito alla sua condizione originaria in vista della vita eterna. Credendo queste cose, si terrà uno stile di vita conforme ai divini precetti, per cui la mente si purificherà e diventerà capace di comprendere le realtà spirituali, che non hanno né passato né futuro ma, non essendo soggette a mutamento, restano sempre identiche, ossia l'unico stesso Dio che è Padre, Figlio e Spirito Santo. Una volta capita questa Trinità, per quanto è consentito in questa vita, senza alcuna esitazione si comprende che ogni creatura dotata di intelletto, di anima e di corpo, in quanto è, trae il suo essere da questa Trinità creatrice, dalla quale ha la sua forma ed è regolata nel modo più ordinato possibile. Ciò però non va inteso come se, dell'intero creato, una parte l'avesse fatta il Padre, un'altra il Figlio e un'altra ancora lo Spirito Santo, ma nel senso che il Padre, mediante il Figlio, nel dono dello Spirito Santo, ha creato simultaneamente tutte le cose ed ogni singola natura. Infatti ogni cosa, sostanza, essenza o natura, o con quale altra parola la si voglia meglio designare, ha queste tre proprietà insieme: di essere qualcosa di uno, di distinguersi da tutto il resto per la sua forma propria e di avere un suo posto nell'ordine universale.

CAPITOLO VIII

AUTORITÀ E RAGIONE. ANCHE GLI ERETICI GIOVANO ALLA CHIESA CATTOLICA

8. 14. Con questa conoscenza apparirà chiaro all'uomo, per quanto gli è consentito, come ogni cosa sia sottomessa a Dio, suo Signore, secondo leggi necessarie, inviolabili e giuste. Perciò tutte quelle cose, che prima abbiamo creduto confidando unicamente nell'autorità, in parte le comprendiamo come evidenti, in parte come tali che possano diventare evidenti ed è opportuno che lo diventino. Quindi compiangiamo gli increduli i quali, invece di credere insieme a noi, preferirono irridere la nostra fede. Una volta conosciuta l'eternità della Trinità e la mutevolezza della creatura, infatti, la sacra e santa incarnazione, il parto della Vergine, la morte del Figlio di Dio per noi, la sua resurrezione dai morti, la sua ascensione al cielo, il suo sedersi alla destra del Padre, la remissione dei peccati, il giorno del giudizio, la resurrezione dei corpi, non sono più soltanto oggetto di fede, ma vanno considerati anche come espressione della misericordia che il sommo Dio mostra nei confronti del genere umano.

8. 15. Ma, siccome è stato detto con assoluta verità che è necessario che vi siano molte eresie, perché risulta manifesto chi sono i veri credenti tra voi, serviamoci anche di questo beneficio della divina Provvidenza. Gli eretici

infatti sorgono fra quegli uomini che ererebbero ugualmente, anche se restassero nella Chiesa. Per il fatto che ne sono fuori, invece sono di grande giovamento, non certo perché insegnano il vero che non conoscono, ma perché spingono i cattolici carnali a cercarlo e i cattolici spirituali a renderlo manifesto. Nella santa Chiesa sono moltissimi gli uomini cari a Dio, ma essi restano tra noi sconosciuti almeno fino a che, trovando noi piacere nelle tenebre della nostra ignoranza, preferiamo dormire piuttosto che contemplare la luce della verità. E però sono molti quelli che sono svegliati dal sonno ad opera degli eretici, perché vedano il giorno del Signore e ne gioiscano. Serviamoci dunque anche degli eretici, non per condividerne gli errori, ma per essere più vigili e scaltri nel difendere la dottrina cattolica contro le loro insidie, anche se non siamo capaci di ricondurli alla salvezza.

DE VERA RELIGIONE – AGOSTINO D'IPPONA

CAPITOLO IX

LA FEDE CRISTIANA NON TEME LE INSIDIE DEL DUALISMO MANICHEO

9. 16. Confido nell'aiuto di Dio perché questo scritto possa essere di giovamento ai lettori che sono già in spirito di pietà e di bontà, non contro una soltanto, ma contro tutte le opinioni perverse e false. Esso, tuttavia, si rivolge soprattutto contro quanti ritengono che esistano due nature o sostanze in lotta tra loro, ciascuna con il proprio principio.

Contrariati da alcune cose e soddisfatti da altre, essi pretendono che Dio sia l'autore non di quelle che li disgustano ma di quelle che li soddisfano. E poiché non sanno vincere le loro abitudini, presi ormai come sono nei lacci della carne, pensano che nel corpo vi siano due anime: l'una che proviene da Dio e che per natura è identica a Lui, l'altra che deriva dagli abitanti delle tenebre, la quale non sarebbe stata né generata né creata né fatta crescere per condanna da parte di Dio, ma che avrebbe avuto una propria vita, una propria terra, propri figli e animali, dunque un proprio regno ed un proprio principio innato. Ad un certo momento essa si sarebbe ribellata contro Dio e Dio, non potendo far altro e non sapendo in quale altro modo opporsi al nemico, costretto dalla necessità, avrebbe inviato quaggiù un'anima buona, una piccola parte della sua sostanza, con la cui unione e mescolanza, secondo le loro fantasie, sarebbe stato placato il nemico e costruito il mondo.

9.17. Per il momento non ho intenzione di confutare queste opinioni: in parte l'ho già fatto; per il resto lo farò, se Dio lo consentirà. In quest'opera voglio dimostrare, per quanto ne sono capace e con gli argomenti che il Signore si degnerà di fornirmi, come la fede cattolica sia al riparo da esse e come non turbino il nostro animo i motivi per i quali gli uomini aderiscono a tale dottrina. Prima di tutto desidero che tu, che bene conosci il mio animo, sappia per certo (e non è per sfuggire all'accusa di presunzione che lo dico in modo quasi solenne) che deve essere imputato a me soltanto quanto di errato si può trovare in questo scritto, mentre quanto vi è di vero e presentato in modo conveniente deve essere attribuito a Dio, unico dispensatore di ogni bene.

CAPITOLO X

L'ORIGINE DELL'ERRORE IN MATERIA DI RELIGIONE

10.18. Ti sia ben chiaro, perciò, che non vi sarebbe nessun errore in fatto di religione se l'anima, invece del suo Dio, non adorasse o un'altra anima o un corpo o le proprie rappresentazioni o due di queste cose congiuntamente o tutte quante insieme. Durante questa vita essa, pur adeguandosi con lealtà alle esigenze della convivenza umana, dovrebbe meditare le realtà eterne e onorare un solo Dio il quale, se non restasse immutabile, renderebbe impossibile la sussistenza di qualsiasi natura mutevole. Ciascuno sa dai propri stati affettivi che l'anima è soggetta a cambiamento, non certo per quel che concerne il luogo, ma a proposito del tempo. Per ciascuno poi è facile rendersi conto che il corpo è mutevole tanto rispetto al tempo quanto rispetto al luogo. Le rappresentazioni, a loro volta, non sono altro che immagini ricavate dalla forma corporea mediante i sensi. È facilissimo ricordarle così come le abbiamo ricevute oppure, mediante il pensiero, dividerle, moltiplicarle, riunirle, ampliarle, metterle insieme, scompigliarle o dar loro qualunque forma, mentre è difficile liberarsene completamente quando si cerca la verità.

10.19. Guardiamoci dunque dal servire la creatura invece del Creatore, dal perderci dietro alle nostre fantasie: in questo consiste la perfetta religione. Infatti, se stiamo vicini al Creatore eterno, necessariamente anche noi saremo resi eterni.

Ma l'anima, sommersa e avvolta dai peccati, di per se stessa non sarebbe capace né di scorgere né di raggiungere questa mèta, poiché non troverebbe tra le realtà umane nessun punto d'appoggio che le consenta di afferrare quelle divine e attraverso il quale, perciò, l'uomo possa cercare di innalzarsi dalla vita terrena alla somiglianza con Dio. Per questo motivo l'ineffabile misericordia divina viene in aiuto in parte di ciascun uomo, in parte dello stesso genere umano, secondo un'economia di ordine temporale, per mezzo di creature mutevoli ma sottomesse alle leggi eterne, allo scopo di ricordare loro la loro primitiva e perfetta natura. Un aiuto di tal genere è ai nostri tempi la religione cristiana nella cui conoscenza e pratica è la garanzia assoluta della salvezza.

10.20. Molti sono i modi in cui la verità può essere difesa contro i chiacchieroni e resa accessibile a chi la ricerca: è Dio stesso onnipotente che la rivela mediante se stesso e aiuta coloro che hanno buona volontà a intuirla e contemplarla, per mezzo di angeli buoni e di alcuni uomini. Spetta poi a ciascuno servirsi del metodo che gli pare più adatto per coloro con i quali deve trattare. Da parte mia, dopo aver considerato a lungo e attentamente la questione, nel tentativo di capire quali uomini parlino a vanvera e quali cerchino la verità sul serio ovvero quale io stesso sono stato, sia quando semplicemente cianciavo sia quando l'ho cercata veramente, ho ritenuto che fosse meglio procedere in questo modo: tieni ben saldo ciò che hai riconosciuto come vero e attribuiscilo alla Chiesa cattolica; respingi invece ciò che è falso e, poiché sono solo un uomo, perdonami; accetta ciò che ti appare dubbio, fino a che o la ragione non ti avrà dimostrato o l'autorità non ti avrà ordinato di respingerlo o di riconoscerlo come vero oppure di continuare a crederlo. Per quanto puoi, dunque, presta attenzione in modo diligente e pio a ciò che segue; Dio infatti non può che aiutare gli uomini che si comportano così.

CAPITOLO XI

OGNI VITA PROVIENE DA DIO LA MORTE DELLE ANIMA CONSISTE NELLA MALVAGITÀ

11.21. Non vi è vita che non provenga da Dio, perché Dio è la vita suprema e la sorgente stessa della vita. Nessuna vita, in quanto tale, è male, ma lo è in quanto volge verso la morte. Tuttavia la morte della vita non è altro che l'iniquità, la quale appunto è così chiamata perché non è nulla, ed è per questo che gli uomini più iniqui sono chiamati uomini da nulla. La vita dunque volge verso il nulla se, per volontaria colpa, si allontana da Colui che la creò e della cui essenza godeva, per poter godere, contro la legge divine, delle realtà corporee alle quali Dio l'aveva preposta. In questo sta l'iniquità. Ma ciò non significa che il corpo sia nulla: anche il corpo, infatti, presenta una certa armonia tra le sue parti, senza la quale non potrebbe assolutamente essere; perciò anche il corpo è opera di Colui che è il principio di ogni armonia. I1 corpo poi consta di un certo equilibrio nella sua forma, senza il quale non sarebbe proprio nulla; anche il corpo perciò è stato creato da Colui da cui proviene ogni equilibrio, forma increata e di tutte la più bella. Il corpo si caratterizza anche per una sua bellezza, senza la quale non sarebbe un corpo. Se dunque si vuol sapere chi ha formato il corpo, si cerchi Colui che è il più bello di tutti, perché è da lui che deriva ogni bellezza. Ora chi è costui, se non l'unico Dio, unica verità, unica salvezza per tutti e prima e somma essenza, dalla quale proviene tutto ciò che è, in quanto è? Perché ciò che è, in quanto è, è buono.

11.22. La morte dunque non viene da Dio. Dio, infatti, non ha creato la morte, né gode per la rovina dei viventi, giacché la somma essenza fa essere tutto ciò che è: per questo si chiama essenza. La morte, invece, fa sì che tutto ciò che muore non sia più, in quanto muore. Se, infatti, le cose che muoiono morissero del tutto, certamente giungerebbero al nulla; esse invece in tanto muoiono in quanto partecipano meno dell'essenza o, per dirla in maniera più breve, tanto più muoiono, quanto meno sono. Ora, il corpo è inferiore a qualsiasi genere di vita, perché, per quanto poco conservi la sua forma, la conserva in virtù della vita, sia di quella che governa ogni essere animato sia di quella che regola l'intera natura del mondo. Il corpo dunque è più esposto alla morte e quindi è più vicino al nulla; pertanto la vita che, attratta dai godimenti del corpo, dimentica Dio, volge verso il nulla. In questo sta l'iniquità.

CAPITOLO XII

CADUTA E REDENZIONE DELL'UOMO

12.23. Così la vita diventa carnale e terrena, e appunto per questo l'uomo è chiamato anche carne e terra; e finché è tale, non possederà il regno di Dio e gli sarà portato via ciò che ama. Egli infatti ama ciò che è meno della vita, perché è corpo; e, a causa di questo peccato, ciò che è amato diviene corruttibile, in quanto che esso, con il suo dissolversi, abbandona chi lo ama, perché anche questi, con l'amarlo, ha abbandonato Dio. Non ha tenuto conto appunto dei precetti di Colui che dice: "Mangia questo e non quello". Costui perciò viene trascinato verso la pena, perché, amando cose inferiori, si predispone per gli inferi, dove sarà privato dei piaceri e proverà dolore. Cosa è infatti il dolore fisico, se non un'improvvisa alterazione della salute di quella cosa che l'anima, con il cattivo uso, ha reso suscettibile di corruzione? E cosa è poi, il dolore morale, se non la privazione delle cose mutevoli di cui si godeva o si sperava di poter godere? In questo consiste tutto ciò che si chiama male, cioè il peccato e la pena del peccato.

12.24. Se invece l'anima, finché è nello stadio della vita umana, riesce a vincere quei desideri che ha alimentato a suo danno, godendo delle cose mortali, e, per vincerli, confida nell'aiuto della grazia di Dio, che serve con la mente e la buona volontà, senza dubbio sarà rigenerata e dalla molteplicità delle cose mutevoli sarà riportata all'Uno immutabile e, rinnovata dalla Sapienza non creata ma che crea tutte le cose, godrà di Dio per virtù dello Spirito Santo, che è suo dono. Così si forma l'uomo spirituale che tutto giudica senza essere giudicato da nessuno, che ama il Signore Dio suo con tutto il cuore, con tutta l'anima e con tutta la mente, e il suo prossimo come se stesso. Ama se stesso secondo lo spirito chi ama Dio a partire da tutto ciò che in Lui vive. In questi due precetti, infatti, è contenuta tutta la Legge e i Profeti.

12.25. In conseguenza di ciò, dopo la morte fisica, che è un effetto del peccato originale, questo corpo, a suo tempo e nel suo ordine, sarà restituito alla sua primitiva stabilità, condizione però che non avrà da se stesso ma dall'anima divenuta stabile in Dio. Essa, a sua volta, non è stabile per se stessa, ma per virtù di Dio di cui gode. Perciò sarà più vigorosa del corpo; il corpo infatti trarrà il suo vigore da essa ed essa dalla verità immutabile, che è il Figlio unigenito di Dio. Così anche il corpo avrà vigore in virtù del Figlio di Dio, perché tutto esiste per mezzo di Lui. Per il dono di sé, che è concesso all'anima, cioè per lo Spirito Santo, non soltanto l'anima, che lo riceve, ottiene la salvezza, la pace e la santità, ma anche il corpo avrà la vita e diventerà purissimo nella sua natura. Infatti Egli stesso ha detto: Purificate ciò che è interno, e anche ciò che è esterno sarà puro. E l'apostolo aggiunge: Darà la vita anche ai vostri corpi mortali per mezzo del suo Spirito che abita in voi. Tolto dunque il peccato, sarà tolta anche la pena del peccato: e allora che ne è del male? Morte, dov'è la tua forza? Dov'è il tuo pungiglione? L'essere infatti vince il nulla e così la morte sarà riassorbita nella sua vittoria.

CAPITOLO XIII

LA CADUTA DELL'ANGELO MALVAGIO

13.26. Contro coloro che sono stati santificati neppure l'angelo malvagio, che è chiamato diavolo, potrà alcunché; anche lui, del resto, non è malvagio in quanto angelo, ma in quanto si è pervertito per propria volontà. Se infatti solo Dio è immutabile, bisogna ammettere che anche gli angeli sono mutevoli per natura; tuttavia per quella volontà, per la quale amano più Dio che se stessi, restano fissi e stabili in Lui e godono della sua maestà, sottomessi a Lui soltanto in modo completamente libero. L'angelo malvagio invece, amando più se stesso che Dio, non volle essergli sottomesso e, gonfio di superbia, si allontanò dalla somma essenza e cadde. In tal modo è inferiore rispetto a quello che fu, perché volle godere di ciò che era inferiore quando volle godere della propria potenza piuttosto che di quella di Dio. Infatti, anche se il suo essere non era al sommo grado, perché solo Dio è in sommo grado, tuttavia era maggiore quando godeva di colui che è in sommo grado. Ora, tutto ciò che è inferiore rispetto a quello che era, è male, non quanto è, ma in quanto è inferiore, e appunto per questo, cioè in quanto è inferiore di quanto era, tende alla morte. Che c'è dunque da meravigliarsi se dall'allontanamento proviene la privazione e dalla privazione l'invidia, per la quale il diavolo è proprio il diavolo?

CAPITOLO XIV

IL PECCATO DIPENDE DALLA LIBERA VOLONTÀ DELL'UOMO

14.27. Se questo allontanamento, che si dice peccato, si impadronisse dell'uomo contro la sua volontà, come la febbre, di certo apparirebbe ingiusta la pena che ne scaturisce per il peccatore e che si chiama dannazione. Il peccato però è a tal punto un male volontario che non sarebbe assolutamente un peccato se non fosse volontario. E la cosa è così evidente che trova il consenso sia dei pochi dotti sia della folla degli incolti. Pertanto è giocoforza negare che si commette peccato oppure bisogna ammettere che lo si commette con la volontà. D'altro canto, non c'è possibilità di negare che l'anima abbia peccato quando si riconosca che essa si emenda con il pentimento, che è perdonata se si pente, e che è giustamente condannata secondo la legge di Dio se persevera nel peccare. Insomma, se non facciamo il male volontariamente, non dobbiamo essere né rimproverati né ammoniti; ma, se si prescinde da tutto questo, non ha più ragione di esistere la legge cristiana e ogni disciplina di religione. Dunque, è con la volontà che si pecca. E, poiché non c'è dubbio che si pecca, non vedo nemmeno come si possa dubitare che le anime possiedono il libero arbitrio della loro volontà. Dio infatti ha giudicato migliori fra i suoi sudditi quelli che lo hanno servito liberamente, il che non sarebbe potuto in nessun modo avvenire, se essi lo avessero servito non per volontà, ma per necessità.

14.28. Dunque gli angeli servono Dio liberamente e ciò non è di giovamento a Dio, ma a loro stessi. Dio infatti non ha bisogno del bene di un altro: poiché è, dipende da se stesso. La medesima cosa vale anche per chi è stato generato da Lui, in quanto non è stato creato, ma generato. Gli esseri creati invece hanno bisogno del bene di Dio, che è il bene supremo, vale a dire l'essenza suprema. se per il peccato dell'anima tendono verso di Lui in misura minore, essi diventano inferiori a quello che erano; pur tuttavia non se ne separano del tutto, altrimenti cesserebbero definitivamente di essere. Ciò che accade all'anima in rapporto alle sue affezioni, accade al corpo in rapporto ai luoghi; l'anima infatti si muove per la volontà, il corpo invece per lo spazio. In merito a quello che si dice dell'uomo, cioè che fu persuaso da un angelo perverso, occorre aggiungere che egli vi acconsentì con la volontà, giacché, se lo avesse fatto per necessità, non sarebbe colpevole di nessun peccato.

CAPITOLO XV

LA PENA DEL PECCATO NON È SOLO UNA PUNIZIONE, MA ANCHE UN AMMONIMENTO DI DIO ALL'UOMO PERCHÉ SI RAVVEDA

15.29. Il fatto poi che il corpo dell'uomo, che era ottimo nel suo genere prima del peccato, sia divenuto debole e destinato alla morte dopo il peccato, sebbene rappresenti la giusta punizione del peccato, tuttavia mostra più la clemenza che la severità del Signore. In tal modo infatti ci convinciamo che dobbiamo abbandonare i piaceri del corpo e rivolgere il nostro amore all'eterna essenza della verità. Ed è la giustizia nella sua bellezza, in armonia con la benignità nella sua grazia, che fa sì che, dopo essere stati tratti in inganno dalla dolcezza dei beni inferiori, veniamo ammaestrati dall'amarezza dei castighi. La divina Provvidenza, infatti, ha disposto le nostre pene in modo che, pur con questo corpo tanto soggetto a corruzione, ci è consentito di mirare alla giustizia e, deposta ogni superbia, di sottometterci all'unico vero Dio, senza contare affatto su noi stessi, ma affidandoci a Lui solo, perché ci governi e ci custodisca. Così, sotto la sua guida, l'uomo di buona volontà trasforma le molestie di questa vita in uno strumento di fortezza; nell'abbondanza dei piaceri e nel felice esito delle sue vicende temporali mette alla prova e consolida la sua temperanza; nelle tentazioni perfeziona la prudenza, non solo per non cedere ad esse, ma anche per divenire più vigile e più ardente nell'amore per la verità, che è la sola che non inganna.

CAPITOLO XVI

IL BENEFICO EFFETTO DELL'INCARNAZIONE DI CRISTO

16.30. Dio provvede alle anime in tutti i modi, a seconda delle circostanze che la sua meravigliosa sapienza ha predisposto; di questi però non dobbiamo trattare, oppure dobbiamo farlo soltanto tra uomini pii e perfetti. In nessun modo tuttavia si è preso cura del genere umano con maggiore generosità di quando la stessa Sapienza di Dio, cioè l'unico Figlio consustanziale e coeterno al Padre, si degnò di assumere la natura umana nella sua interezza, e il Verbo si fece carne e venne ad abitare in mezzo a noi. Così infatti ha mostrato agli uomini carnali, incapaci di cogliere la verità con la mente perché schiavi dei sensi, quale elevata posizione la natura umana occupi tra le creature, dal momento che è apparso agli uomini non solo sotto forma visibile (cosa che avrebbe potuto fare anche in un corpo celeste adattato al grado di tolleranza della nostra vista), ma anche nelle vesti di un vero uomo: bisognava infatti che assumesse proprio la stessa natura che doveva liberare. E, affinché nessuno dei due sessi ritenesse di essere stato disprezzato dal suo creatore, assunse l'aspetto di uomo e nacque da una donna.

16.31. Non fece niente con la forza, ma tutto con la persuasione e l'ammonimento. Terminato infatti il tempo dell'antica servitù, era spuntato il tempo della libertà e perciò era ormai opportuno e utile per la salvezza dell'uomo persuaderlo di essere stato creato dotato di libero arbitrio. Con i miracoli Egli suscitò la fede nel Dio che era, con la passione nell'uomo che impersonava. Così, parlando come Dio alle folle, non volle riconoscere come sua madre quella che gli veniva annunziata e tuttavia, come dice il Vangelo, da fanciullo era sottomesso ai genitori. Per la dottrina infatti appariva Dio, per l'età uomo. Allo stesso modo, sul punto di cambiare l'acqua in vino, come Dio dice Allontanati da me, o donna: che ho da fare Io con te? Non è ancora giunta la mia ora. Venuta poi l'ora in cui come uomo sarebbe morto, dalla croce riconobbe la madre e la raccomandò al discepolo che amava più di tutti. Soggetti ai piaceri, i popoli, a loro danno, desideravano le ricchezze: egli volle essere povero . Erano avidi di prestigio e di cariche: non volle essere re. Consideravano un gran bene avere figli nati dalla carne: egli disdegnò il vincolo coniugale e la prole. Nella loro incommensurabile superbia avevano orrore per gli oltraggi: egli ne sopportò di ogni tipo. Reputavano intollerabili le ingiurie: quale ingiuria maggiore di quella di essere condannato, pur essendo giusto e innocente? Avevano disgusto per i dolori del corpo: fu flagellato e messo in croce. Temevano di morire: fu condannato a morte. Ritenevano la morte in croce come la più grande ignominia: egli fu crocifisso. Privandosene, tolse ogni valore a tutte le cose che desideravamo possedere e ci facevano vivere in modo disordinato; sopportandole, si liberò di tutte quelle cose che desideravamo evitare distogliendoci dall'amore per la verità. Infatti si commette peccato solo se si desidera quello che egli disdegnò o si rifiuta quello che egli apprezzò.

16.32. In tal modo, attraverso la natura umana che si era degnato di assumere, tutta la sua vita sulla terra fu un insegnamento morale. La sua resurrezione dai morti, poi, mostrò a sufficienza come niente vada perduto della natura dell'uomo, poiché Dio salva tutto, e come tutto serva al Creatore sia per punire i peccati sia per liberare l'uomo, e quanto è facile per il corpo servire l'anima, quando questa è sottomessa a Dio. In virtù di questo compimento, non solo nessuna sostanza è male (il che è assolutamente impossibile) ma non è neppure colpita da alcun male, in quanto ciò può accadere a causa del peccato e della sua punizione. Questo è l'insegnamento relativo all'ordine naturale delle cose, che è assolutamente degno di piena fede per i cristiani meno dotti e privo di errori per quelli più dotti.

CAPITOLO XVII

IL METODO DI INSEGNAMENTO NELL'ANTICO E NEL NUOVO TESTAMENTO

17.33. Il metodo stesso di tutto l'insegnamento, che ora è diretto e ora ricorre a similitudini nell'uso delle parole, dei fatti e dei sacri riti, ma che comunque è appropriato per ogni esercizio formativo dell'anima, risponde forse alla norma di un insegnamento di tipo razionale? Infatti anche la presentazione dei misteri si riconnette alle verità che sono state enunciate in modo assolutamente chiaro. Ma non si tratta soltanto di cose che si comprendono molto facilmente, altrimenti la verità non sarebbe cercata con amore e non si proverebbe piacere a trovarla. E se nelle Sacre Scritture non vi fossero riti, che non fossero segni della verità, non vi sarebbe sufficiente accordo tra l'azione e la conoscenza. Ora però, siccome la pietà ha inizio dal timore e giunge a compimento nella carità, per questo, al tempo della schiavitù, cioè sotto l'Antica Legge, il popolo era tenuto a freno dal timore e oppresso con molti precetti rituali. Ciò infatti gli era utile, perché desiderasse la grazia di Dio, che i Profeti annunciavano come prossima a venire. E quando essa venne, poiché la Sapienza stessa di Dio, che ci ha chiamati alla libertà, assunse l'umanità, furono istituiti pochi riti di piena, assoluta salvezza, allo scopo di tenere unita la comunità del popolo cristiano, ossia la moltitudine libera sotto un unico Dio. Invero molte delle cose che erano state imposte al popolo ebreo, ossia alla moltitudine schiava sotto il medesimo unico Dio, furono abolite nella pratica e sono restate solo oggetto di fede e di interpretazione. Così esse ora non ci legano più come servi, ma formano l'animo mediante l'esercizio della libertà.

17.34. Chiunque poi escluda che i due Testamenti possano venire da un unico Dio, perché il nostro popolo non è tenuto agli stessi riti ai quali erano tenuti e lo sono ancora i Giudei, è come se sostenesse che è impossibile che un padre di famiglia, sommamente giusto, ordini una cosa a quelli per i quali giudica utile una soggezione più dura e un'altra a quelli che si degna di adottare come figli. Se poi è per qualcuno motivo di sconcerto il fatto che nel Vangelo i precetti di vita sono superiori rispetto a quelli dell'Antica Legge e perciò ritiene che gli uni e gli altri non si riferiscano ad un unico Dio, per chi pensa così è come se si stupisse che uno stesso medico prescrive alcune cure, tramite i suoi assistenti, al più deboli e altre, personalmente, a quelli più forti, per far sì che recuperino o mantengano la loro salute. Come infatti l'arte medica, pur rimanendo la stessa e senza mutare affatto, cambia tuttavia le prescrizioni a seconda dei malati, perché la nostra salute è soggetta a mutamento, così la divina Provvidenza, pur essendo di per sé assolutamente immutabile, tuttavia viene in aiuto delle mutevoli creature con procedimenti diversi e, a seconda delle malattie, prescrive o vieta a chi una cosa e a chi un'altra, per ricondurre le creature che decadono, ovvero che tendono al nulla, dalla corruzione, che è l'inizio della morte, e dalla morte stessa, alla loro natura ed essenza, e così rafforzarle.

CAPITOLO XVIII

LA CREAZIONE DAL NULLA CAUSA DELLA MUTABILITÀ DELLE CREATURE

18.35. Mi potresti chiedere: "Perché vengono meno?". Perché sono mutevoli. "E perché sono mutevoli?". Perché non sono in senso assoluto. "E perché non sono in senso assoluto?". Perché sono inferiori a colui che le ha create. "Chi le ha create?". Colui che è l'essere sommo. "Chi è quest'essere?". Dio, l'immutabile Trinità, che le ha create mediante la sua somma sapienza e le conserva con la sua somma bontà. "Perché le ha create?". Perché fossero. L'essere infatti, quale che sia, è bene, poiché il sommo bene è il sommo essere. "Da che cosa le ha fatte?". Dal nulla, poiché ogni cosa deve avere una sua essenza, per quanto piccola; perciò, anche se è un bene minimo, sarà pur sempre un bene e proverrà da Dio. Dal momento infatti che la somma essenza è il sommo bene, l'essenza minima è un bene minimo. Ma ogni bene o è Dio o proviene da Dio; perciò anche la più piccola essenza proviene da Dio. E ciò che si dice dell'essenza, si può dire anche della forma; non a caso infatti nel lodare si usa tanto il termine "speciosissimum" (che ha l'essenza in sommo grado) quanto il termine "formosissimum" (che ha la forma in sommo grado). Dunque, ciò da cui Dio ha creato tutte le cose è ciò che non ha né essenza né forma, perché non è che nulla. Infatti ciò che, rispetto alle realtà perfette, è detto informe, se ha una qualche forma, sebbene piccola ed embrionale, non è ancora il nulla;

anche questo, perciò, in quanto è, non proviene che da Dio.

18.36. Perciò, se il mondo è stato creato da qualche materia informe, questa materia è stata creata interamente dal nulla. Infatti, anche ciò che non ha ancora una forma, è in qualche modo predisposto per riceverla: può assumere una forma per la bontà di Dio, perché è cosa buona avere una forma. Dunque, anche la capacità di avere una forma è un bene; perciò l'autore di tutti i beni, che ha dato la forma, ha dato anche la possibilità di avere la forma. Così tutto ciò che è, in quanto è, e tutto ciò che ancora non è, in quanto può essere, dipendono da Dio; e, per dirla in un altro modo, tutto ciò che ha una forma, in quanto ha una forma, e tutto ciò che non ha ancora una forma, in quanto può avere una forma, dipendono da Dio. Ma nessuna cosa raggiunge la perfezione della propria natura, se non è integra nel suo genere. Ora, ogni salvezza viene da colui dal quale viene ogni bene; ma ogni bene viene da Dio; dunque ogni salvezza viene da Dio.

CAPITOLO XIX

TUTTO È BENE, ANCHE CIÒ CHE SI CORROMPE, MA NON AL PIÙ ALTO GRADO

19.37. Da quanto detto, ormai, chi ha gli occhi della mente ben aperti e non offuscati o turbati dal pernicioso desiderio di una vana vittoria, comprende facilmente che sono beni tutte le cose che si corrompono e muoiono, sebbene di per se stesse la corruzione e la morte siano male. Se infatti le cose non fossero private di una parte della loro integrità, la corruzione e la morte non nuocerebbero loro; ma se la corruzione non nuocesse, non sarebbe più tale. Se dunque la corruzione si oppone all'integrità e, senza alcun dubbio, l'integrità è un bene, allora è bene tutto ciò a cui la corruzione si oppone e tutto ciò a cui la corruzione si oppone anch'esso si corrompe. Sono dunque beni le cose che si corrompono; ma esse si corrompono perché non sono beni al massimo grado. Poiché dunque sono beni, vengono da Dio; ma, poiché non sono beni al massimo grado, non sono Dio. Quindi il bene che non può essere corrotto è Dio. Tutti gli altri beni, che vengono da Lui, di per se stessi possono essere corrotti, perché per se stessi sono nulla; invece, grazie a Lui, in parte non sono soggetti a corruzione e in parte vengono restituiti alla loro integrità, quando sono corrotti.

CAPITOLO XX

LA CORRUZONE DELL'ANIMA SCATURISCE DALLA TRASGRESSIONE DELL'ORDINE NATURALE

20.38. La prima corruzione dell'anima razionale risiede nel voler fare ciò che la verità somma ed intima vieta. Per questo motivo l'uomo fu cacciato dal paradiso in questo mondo, passando così dall'eternità alla vita temporale, dall'abbondanza all'indigenza, dalla stabilità all'instabilità; cioè non dal bene sostanziale al male sostanziale, perché nessuna sostanza è un male, ma dal bene eterno al bene temporale, dal bene spirituale al bene carnale, dal bene intelligibile al bene sensibile, dal bene sommo al bene infimo. C'è dunque un certo bene, amando il quale l'anima razionale pecca, perché è di ordine inferiore ad essa; perciò è il peccato in sé che è male e non la sostanza che, peccando, si ama. Non è allora male quell'albero che, come è scritto, era piantato nel centro del paradiso, ma la trasgressione del comando divino. E quando questa trasgressione subì, come conseguenza, la meritata condanna, da quell'albero, che era stato toccato contro il divieto, scaturì il criterio di discernimento tra il bene e il male. L'anima infatti, dopo essere incorsa nel peccato, mediante l'espiazione della pena apprende quale differenza ci sia tra il comando che si è rifiutata di rispettare e il peccato che ha compiuto. In tal modo impara a conoscere, facendone l'esperienza, il male che non ha appreso con l'evitarlo e quel bene che amava di meno discostandosene, ora lo ama con più ardore guadagnandoselo.

20.39. La corruzione dell'anima è in ciò che ha fatto e la limitazione che gliene deriva rappresenta la punizione che ne subisce: in questo consiste tutto il male. Fare e subire insomma non è una sostanza; perciò la sostanza non è male. Così non sono male né l'acqua né l'animale che vive nell'aria: queste infatti sono sostanze; male invece è gettarsi volontariamente nell'acqua e l'asfissia che subisce chi vi è immerso. Lo stilo di ferro, con una parte per scrivere e l'altra per cancellare, non solo è fatto con maestria, ma è anche bello nel suo genere e adatto al nostro uso. Ma se qualcuno volesse scrivere con la parte con cui si cancella e cancellare con quella con cui si scrive, in nessun modo farebbe dello stilo un male, anche se a buon diritto il fatto in sé sarebbe criticato. E infatti, una volta corretto l'uso, dove sarà il male? Se qualcuno fissa all'improvviso il sole di mezzogiorno, gli occhi ne saranno colpiti e abbagliati: forse per questo il sole o gli occhi saranno un male? No affatto, perché sono sostanze. Il male invece è nel fatto che lo sguardo ha trasgredito l'ordine e nell'abbagliamento che ne consegue; esso tuttavia scomparirà quando gli occhi si saranno riposati e guarderanno una luce adeguata. Né diviene in se stessa male la luce che è fatta per gli occhi, quando è venerata al posto della luce della sapienza, che è fatta per la mente; il male è la trasgressione per la quale si serve la creatura piuttosto che il Creatore. Questo male non esisterà più quando l'anima, riconosciuto il Creatore, sarà sottomessa a Lui soltanto e avrà chiaramente percepito che tutte le altre cose le sono sottomesse per virtù di Lui.

20.40. Così ogni creatura corporea, nella misura in cui sia posseduta da un'anima che ama Dio, è un bene, infimo ma bello nel suo genere, perché è costituita secondo una forma e una bellezza. Se poi è amata da un'anima che non si cura di Dio, neppure in tal caso essa di per sé diventa un male; ma dal momento che il male è il peccato per il quale viene così amata, essa diventa causa di pena per colui che la ama: lo getta nelle tribolazioni e, ingannandolo, lo nutre di piaceri, che non durano e non appagano, ma sono fonte di acuti tormenti. Infatti, quando l'avvicendarsi dei tempi ha concluso il suo mirabile corso, la bellezza desiderata abbandona colui che la ama, si allontana tormentandolo dai suoi sensi e lo getta nello smarrimento. Così egli considera come prima bellezza quella che è la più bassa di tutte, ovvero quella di natura corporea, che la carne, con un perverso compiacimento. gli ha fatto conoscere attraverso gli ingannevoli sensi: per cui, quando pensa qualcosa, crede di comprendere; in realtà è ingannato dalle ombre delle sue fantasie. Se poi talora, senza rispettare integralmente l'ordine della divina Provvidenza, pur credendo di farlo, si sforza di resistere alla carne, perviene all'immagine delle cose visibili e con il pensiero si costruisce, attraverso questa luce che vede circoscritta entro limiti precisi, immensi spazi, ma inutilmente; si immagina che questa sia la sua futura dimora, senza rendersi conto che è la concupiscenza degli occhi che lo trascina e che vuole uscire dal mondo con questo mondo; senza accorgersi perciò che si tratta dello stesso mondo, dal momento che, con il suo ingannevole modo di pensare, ne ha esteso all'infinito la parte più luminosa. Ciò si può fare con la massima facilità non solo per questa luce, ma anche per l'acqua, il vino, il miele, l'oro, l'argento e anche per la carne, per il sangue, per le ossa di qualsiasi animale e per altre cose di questo genere. Tra le realtà corporee infatti non c'è nessuna che, anche quando ne sia stato visto un solo esemplare, non possa essere moltiplicata all'infinito col pensiero; oppure che, vista in un piccolo spazio, non possa essere estesa all'infinito dalla medesima capacità di immaginazione. Ma, se è cosa facilissima maledire la carne, cosa molto difficile invece è non giudicare secondo la carne.

CAPITOLO XXI
LA DISPERSIONE NEL DIVENIRE

21.41. È dunque per questa perversione dell'anima, che proviene dal peccato e dalla pena, che ogni realtà corporea diviene, come dice Salomone, vanità di uomini vani e tutto è vanità: quale utilità ricava l'uomo da tutto l'affanno per cui fatica sotto il sole?. Non per niente infatti è stato aggiunto di uomini vani, perché, se togli costoro, che inseguono le cose più basse come se fossero le più alte, la creatura corporea cesserà di essere vanità e, nel suo genere, mostrerà una bellezza senza alcun difetto, benché minima. La molteplicità delle bellezze temporali, infatti, ha dilacerato, attraverso i sensi carnali, l'uomo distaccatosi dall'unità con Dio e, con la sua instabile varietà, ne ha moltiplicato i desideri: da qui è scaturita una faticosa abbondanza e, se si può dire, una copiosa povertà, per cui egli persegue ora una cosa ora l'altra, senza che niente resti con lui. Così, dopo il tempo del frumento, del vino e dell'olio, egli si è disperso, in modo che non ritrova più se stesso, cioè la natura immutabile ed unica, seguendo la quale non errerebbe e, raggiungendola, non proverebbe più dolore. Di conseguenza, sarà redento anche il suo corpo e non si corromperà più. Ora, invero, un corpo corruttibile appesantisce l'anima e la dimora terrena grava la mente che corre dietro a molti pensieri, perché la bellezza dei corpi, per quanto di minimo grado, viene coinvolta nell'ordine della successione temporale. Essa è In grado minimo perché non può possedere tutte le cose insieme, ma, mentre alcune vengono meno ed altre subentrano al loro posto, tutte contribuiscono a comporre in un'unica bellezza l'armonia delle forme temporali.

CAPITOLO XXII

LA MUTABILITÀ DELLE COSE NON È UN MALE

22.42. E tutto ciò non è male perché passa. Anche un verso, nel suo genere, è bello sebbene in nessun modo sia possibile pronunciare insieme due sillabe. Infatti si può pronunciare la seconda, solo se la prima è già passata, e così di seguito si giunge al termine in modo che, quando risuona solo l'ultima senza che le precedenti risuonino con essa, tuttavia tale sillaba, in unione con quelle passate, consegua una forma e una bellezza musicale. Tuttavia l'arte con cui si costruiscono i versi non è così soggetta al tempo al punto che la loro bellezza risulti solo dalla misura delle pause; essa comprende insieme tutti gli elementi di cui è costituito il verso, il quale però non li comprende tutti insieme, ma congiunge i precedenti con i seguenti. Il verso comunque è bello proprio perché mostra le ultime tracce di quella bellezza che l'arte custodisce in se stessa in modo continuativo e stabile.

22.43. Come alcuni, dal gusto pervertito, amano più il verso che l'arte stessa con cui è costituito, poiché si sono affidati più alle orecchie che all'intelligenza, così molti preferiscono le cose temporali e non cercano la divina Provvidenza, che ha creato e governa i tempi. E nell'amore per le cose temporali non sono disposti ad ammettere che passa ciò che amano e sono tanto assurdi quanto chi, nella declamazione di una magnifica poesia, volesse udire sempre e soltanto una sola sillaba. Di certo, persone che ascoltano le poesie in questo modo non se ne trovano, mentre il mondo è pieno di coloro che giudicano così le cose, giacché, se tutti possono facilmente ascoltare non solo l'intero verso ma anche l'intera poesia, nessuno invece è capace di percepire la successione dei secoli nel suo insieme. A ciò si aggiunge il fatto che non siamo parte della poesia, mentre, a causa della condanna, siamo partecipi dei secoli. La declamazione della poesia dunque è sottoposta al nostro giudizio, invece i secoli si susseguono grazie al nostro affanno. D'altro canto, a nessun vinto piacciono i pubblici giochi; eppure, nonostante la sua vergogna, essi non cessano di essere belli: in ciò si può cogliere una certa immagine della verità. Per nessun altro motivo tali spettacoli ci sono vietati se non perché, ingannati dalle apparenze delle cose, ci allontaniamo dalle cose stesse, delle quali gli spettacoli sono le apparenze. Così, la creazione e il governo dell'universo dispiacciono solo alle anime empie e dannate, invece piacciono, pur con la loro miseria, alle molte anime vittoriose in terra o ormai sicure nella loro contemplazione celeste. Infatti nulla di ciò che è giusto dispiace al giusto.

CAPITOLO XXIII

OGNI SOSTANZA È BENE, SOLO LA COLPA È MALE

23.44. Dal momento che ogni anima razionale è infelice per i suoi peccati o felice per le buone azioni, che ogni essere irrazionale o cede ad uno più forte o obbedisce ad uno migliore o si misura con uno eguale o tiene in esercizio chi lotta o è di danno a chi è condannato e che ogni corpo serve la sua anima, per quanto le permettano i suoi meriti e l'ordine delle cose, nessun male è proprio dell'intera natura, ma è frutto della colpa di ciascuno. Quando poi l'anima sarà rigenerata dalla grazia divina, restituita alla sua integrità, sottomessa soltanto al suo Creatore, e con il corpo riportato alla sua primitiva stabilità, comincerà a possedere il mondo, non ad essere posseduta con il mondo. Per essa non vi sarà più alcun male; infatti la bellezza minima delle vicende temporali, che prima si dispiegava insieme ad essa, si dispiegherà sotto di essa e ci saranno, come è scritto, un nuovo cielo ed una nuova terra, con le anime che regneranno su tutto l'universo anziché affannarsi in una sua parte. Dice appunto l'Apostolo: Tutto è vostro, ma voi siete di Cristo e Cristo è di Dio; e, ancora: Capo della donna è l'uomo, capo dell'uomo è Cristo, capo di Cristo è Dio. Poiché dunque la corruzione non appartiene all'anima per natura, ma contro la sua natura e non consiste in altro che nel peccato e nella pena del peccato, si comprende chiaramente che nessuna natura o, se è meglio, nessuna sostanza o essenza è male. D'altro canto, non può dipendere dai peccati e dalle pene dell'anima che l'individuo sia deturpato da qualche bruttezza, perché la sostanza razionale, in quanto è pura da ogni peccato, è sottomessa a Dio e domina tutte le altre cose a lei soggette; invece, in quanto ha peccato, è collocata nel posto che si addice alla sua condizione, perché tutto sia bello sotto Dio creatore e reggitore dell'universo. Non è dunque alla bellezza dell'intero creato che va attribuita la colpa per la dannazione dei peccatori, per la prova dei giusti e per la perfezione dei beati.

CAPITOLO XXIV

ALLA SALVEZZA DELL'UOMO CONCORRONO L'AUTORITÀ E LA RAGIONE

24.45. Per questo motivo anche la medicina offerta all'anima dalla divina Provvidenza nella sua ineffabile bontà è di straordinaria bellezza per gradualità e ordine. Ne fanno parte l'autorità e la ragione. L'autorità richiede la fede e prepara l'uomo alla ragione; la ragione conduce alla comprensione e alla conoscenza. E anche se l'autorità non rinuncia mai del tutto alla ragione, quando si consideri a chi si deve credere, di certo è somma l'autorità di una verità conosciuta in modo evidente. Ma poiché siamo immersi tra le cose temporali, e l'amore per esse ci tiene lontani da quelle eterne, viene per prima, non per l'eccellenza della sua natura, ma per ordine di tempo, una certa medicina temporale che chiama alla salvezza non quelli che sanno, ma quelli che credono. Infatti è nel luogo in cui è caduto che ciascuno deve trovare un sostegno per risollevarsi. Dunque dobbiamo appoggiarci sulle stesse bellezze carnali, che ci tengono prigionieri, per conoscere quelle cose che la carne non ci mostra . Chiamo carnali quelle cose che si possono percepire attraverso la carne, cioè mediante gli occhi , gli orecchi e gli altri sensi del corpo. Per la fanciullezza dunque è necessario attaccarsi con amore alle bellezze carnali o corporee, per l'adolescenza è quasi necessario, ma poi, con il procedere degli anni, non è più necessario.

CAPITOLO XXV

L'AUTORITÀ CHE L'UOMO DEVE SEGUIRE

25.46. Dal momento, dunque, che la divina Provvidenza provvede non solo ai singoli uomini quasi privatamente, ma anche all'intero genere umano quasi pubblicamente, che cosa elargisca ai singoli lo sanno Dio, che ne è l'autore, e coloro che ne sono beneficiari. Che opera poi svolga a favore del genere umano, volle che ci fosse trasmesso mediante la storia e la profezia. L'attendibilità delle cose temporali, sia passate che future, è questione più di credenza che di intelligenza. Il compito nostro però esaminare a quali uomini o a quali libri si debba credere per rendere il culto dovuto a Dio, nostra unica salvezza. Su questo argomento la prima questione da considerare è se sia possibile credere a coloro che ci chiamano ad adorare un solo Dio o coloro che ci chiamano ad adorarne molti. Chi potrebbe dubitare che è di gran lunga preferibile seguire coloro che ce ne propongono uno solo, se oltretutto coloro che ne adorano molti unanimemente considerano questo solo come unico Signore e reggitore di tutte le cose? Di certo la numerazione comincia dall'unità. Perciò, prima dobbiamo seguire coloro che affermano che l'unico sommo Dio è il solo vero Dio e il solo da adorare. Se presso costoro la verità non risplenderà, soltanto allora si dovrà andare altrove. Come, infatti, nella natura delle cose maggiore è l'autorità di uno solo che tutto riporta all'unità e come nel genere umano nullo è il potere di una moltitudine che non sia unanime, cioè che non pensi in maniera unitaria, così nella religione maggiore e più degna di fede deve essere l'autorità di coloro che propongono di adorare un unico Dio.

25.47. La seconda questione da considerare riguarda la diversità di pareri sorta tra gli uomini intorno al culto dell'unico Dio. Sappiamo che i nostri antenati, con quella gradualità della fede per cui dalle cose temporali si risale a quelle eterne, hanno seguito (né potevano fare diversamente) i miracoli visibili e lo hanno fatto in modo che tali miracoli non sono stati più necessari ai posteri. Infatti, una volta che la Chiesa cattolica si è diffusa stabilmente per tutta la terra, non fu consentito che quei miracoli durassero fino al nostri giorni, perché l'anima non andasse sempre alla ricerca delle cose visibili e il genere umano, con l'abitudine di vedere miracoli, non si intiepidisse per ciò che, visto la prima volta, si era infiammato. D'altra parte non c'è dubbio per noi che si deve credere a coloro che, pur predicando cose accessibili a pochi, tuttavia riuscirono a persuadere i popoli a seguirli. Ora si tratta di stabilire a chi si deve credere, prima che ciascuno sia capace di ragionare sulle cose divine e invisibili, poiché in nessun modo un'autorità umana va anteposta alla ragione di un'anima purificata e che è pervenuta alla verità nella sua evidenza. Ma a questa non si giunge mai con la superbia, in mancanza della quale non si avrebbero gli eretici, gli scismatici, i circoncisi nella carne, gli adoratori di creature e di idoli. D'altro canto, se questi non ci fossero prima che il popolo abbia raggiunto la perfezione promessa, la verità sarebbe ricercata molto più pigramente.

CAPITOLO XXVI

LA PROVVIDENZA E LE SEI ETÀ DELL'UOMO

26.48. Vediamo dunque come si svolge la successione temporale e come il rimedio della divina Provvidenza opera nei confronti di coloro che, peccando, meritarono la morte. In primo luogo si occupa dell'indole e dell'educazione di ciascun uomo che viene al mondo. La prima età, l'infanzia, è impiegata a nutrire il corpo e, poi, col crescere, essa viene completamente dimenticata. Segue la fanciullezza, a partire dalla quale cominciano i primi ricordi. A questa succede l'adolescenza, durante la quale la natura consente già all'uomo di generare e di divenire padre. All'adolescenza poi subentra la gioventù, che è tenuta ad esercitarsi nelle pubbliche funzioni e a sottomettersi alle leggi. In questa età la proibizione più rigida dei peccati e la pena che costringe alla schiavitù i peccatori provocano nelle anime carnali impeti più violenti di passione e raddoppiano le colpe commesse. Infatti, ormai è più di un semplice peccato compiere un atto che, oltre che malvagio, è anche proibito. Dopo i travagli della giovinezza, c'è un po' di pace con l'avvento dell'età più matura. Viene quindi l'età peggiore, scolorita, debole e più soggetta a malattie, che ci conduce fino alla morte. Questa è la vita dell'uomo che vive secondo il corpo, schiavo della cupidigia per le cose temporali. Questo è quello che si dice l'uomo vecchio, l'uomo esteriore e terreno, anche nel caso in cui raggiunga quella che il volgo chiama felicità, in uno stato terreno ben governato sotto re o sotto principi o sotto leggi oppure sotto tutti e tre questi regimi; infatti, se così non fosse, un popolo non potrebbe essere ben organizzato benché cercasse soltanto i beni terreni, giacché anche il popolo ha un suo grado di bellezza.

26.49. Ora quest'uomo, che abbiamo descritto come vecchio, esteriore e terreno, sia che si mantenga entro i limiti della sua natura sia che oltrepassi la misura di una giustizia servile, alcuni lo vivono per tutta la vita, dalla nascita fino alla morte; altri invece, come è inevitabile, iniziano da esso la loro vita, ma poi rinascono interiormente e, con la forza dello spirito e l'incremento della sapienza, distruggono e sopprimono ciò che ne resta, sottomettendolo alle leggi celesti, in attesa che sia rinnovato integralmente dopo la morte visibile. Questo è quello che si dice l'uomo nuovo, l'uomo interiore e celeste; ha anche lui le sue età spirituali, distinte non dagli anni ma dai progressi. La prima è quella che trascorre nel seno fecondo della storia, che lo nutre con esempi. Nella seconda, in cui comincia ormai a dimenticare le cose umane per tendere a quelle divine, non è più nel grembo dell'autorità umana ma si volge, mediante procedimenti razionali, alla legge suprema e immutabile. Nella terza, ormai più sicuro, congiunge l'appetito carnale con la forza della ragione e, quando l'anima si unisce alla mente, gode interiormente di una sorta di dolcezza coniugale, coprendosi con il velo del pudore, in modo che vive rettamente non più per costrizione, ma perché non ha piacere a peccare, anche se tutti lo permettessero. Nella quarta compie queste stesse cose in modo molto più fermo ed ordinato e procede verso la perfezione umana, essendo ormai pronto e disposto ad affrontare tutte le persecuzioni e le vicende tempestose di questo mondo. Nella quinta età, avendo raggiunto l'appagamento e la piena tranquillità, vive nelle abbondanti ricchezze dell'immutabile regno della suprema e ineffabile sapienza. Nella sesta, che è l'età della totale trasformazione nella vita eterna, raggiunge il definitivo oblìo della vita temporale per passare alla forma perfetta, fatta ad immagine e somiglianza di Dio. La settima età, infine, coincide ormai con la quiete eterna e con la felicità perpetua non più contrassegnata da età. Come, infatti, la morte è la fine dell'uomo vecchio così la vita eterna è la fine dell'uomo nuovo: l'uno è l'uomo del peccato, l'altro l'uomo della giustizia.

CAPITOLO XXVII

L'UOMO VECCHIO E L'UOMO NUOVO NELLA STORIA DEL GENERE UMANO

27.50. Senza alcun dubbio questi due uomini sono tali che uno di essi, cioè quello vecchio e terreno, lo può vivere ogni singolo uomo per tutta la vita, mentre l'altro, quello nuovo e celeste, nessuno lo può vivere in questa vita senza quello vecchio, perché bisogna che da questo cominci e con questo continui fino alla morte visibile, anche se deperisce mentre quello nuovo progredisce. In modo del tutto analogo il genere umano, la cui vita è simile a quella di un solo uomo da Adamo fino alla fine del mondo, è retto dalle leggi della divina Provvidenza in modo da sembrare diviso in due categorie. L'una è costituita dalla folla degli empi che propongono l'immagine dell'uomo terreno dall'inizio del mondo fino alla fine; l'altra dalle generazioni del popolo devoto all'unico Dio ma che, da Adamo fino a Giovanni Battista, è vissuto come l'uomo terreno secondo una sorta di giustizia servile: la sua storia si chiama Vecchio Testamento e contiene la promessa di un regno pressoché terreno; nel suo insieme, tale storia tuttavia non è che l'immagine del nuovo popolo e del Nuovo Testamento, che contiene la promessa del regno dei cieli. La vita di questo popolo, fino a che è temporale, incomincia dalla venuta del Signore nell'umiltà e dura fino al giorno del giudizio, quando tornerà in tutto il suo splendore. Dopo il giudizio, morto l'uomo vecchio, avverrà quella trasformazione che promette una vita angelica. Tutti, infatti, risorgeremo, ma non tutti saremo cambiati. Risorgerà dunque il popolo dei devoti, per trasformare nell'uomo nuovo ciò che in lui resta del vecchio. Risorgerà in sé anche il popolo degli empi, che ha realizzato in sé l'uomo vecchio dall'inizio alla fine ma per essere precipitato nella seconda morte. Chi legge con attenzione, scopre la suddivisione delle età e non ha orrore né della zizzania né della paglia. L'empio infatti vive per il pio e il peccatore per il giusto, affinché, mediante il confronto, si elevi con più ardore fino a raggiungere la perfezione.

CAPITOLO XXVIII

COSA SI DEVE INSEGNARE, A CHI E CON QUALI MEZZI

28.51. Coloro che, al tempo del popolo terreno, meritarono di giungere fino all'illuminazione dell'uomo interiore, furono momentaneamente di aiuto per il genere umano, mostrandogli ciò che l'età richiedeva e facendogli intravedere, mediante le profezie, ciò che non era ancora opportuno mostrargli. Tali appaiono i patriarchi e i profeti a coloro che, invece di abbandonarsi ad attacchi puerili, esaminano con dovuta diligenza il così grande e salutare mistero delle vicende divine e umane. Vedo che, anche al tempo del popolo nuovo, ciò è compiuto con molta cautela dagli uomini grandi e spirituali, nutriti della Chiesa cattolica, poiché si rendono conto che non va trattato in modo divulgativo ciò che non è ancora opportuno trattare con il popolo. Essi e i pochi sapienti si cibano di un cibo più sostanzioso, mentre nutrono di latte, in modo abbondante e continuo, la moltitudine avida e debole. Infatti parlano della sapienza soltanto ai perfetti; agli uomini carnali e psichici invece, che, per quanto rinnovati, tuttavia sono ancora come fanciulli, nascondono alcune verità, pur senza mentire mai. Non hanno di mira vane o futili lodi per sé, ma il bene di coloro con i quali meritarono di condurre insieme questa vita. È legge della divina Provvidenza che non sia aiutato a conoscere ed accogliere la grazia di Dio. da chi è superiore, colui che, per lo stesso fine, non abbia aiutato con sentimento puro chi gli è inferiore. Così, in seguito al peccato, commesso dalla nostra natura in un uomo peccatore, il genere umano è divenuto grande decoro e ornamento della terra, ed è governato dalla divina Provvidenza in modo così adeguato che la sua ineffabile arte medica muta perfino la bruttezza dei vizi in un qualche genere di bellezza.

CAPITOLO XXIX

LA RAGIONE È SUPERIORE AI SENSI

29.52. E poiché abbiamo parlato dell'azione benefica dell'autorità quanto per ora ci è sembrato sufficiente, vediamo fin dove la ragione può arrivare risalendo dalle cose visibili a quelle invisibili, dalle temporali alle eterne. Bisogna infatti che non sia per noi inutile e vano contemplare la bellezza del cielo, l'ordinata disposizione degli astri, lo splendore della luce, l'alternarsi dei giorni e delle notti, il ciclo mensile della luna, la ripartizione dell'anno in quattro stagioni, in corrispondenza ai quattro elementi, la grande potenza dei semi che generano le specie e le moltitudini e tutte le cose che, nel loro genere, conservano un proprio modo d'essere ed una propria natura. Non dobbiamo considerare queste cose per esercitare una curiosità vana ed effimera, ma per servircene come scala per elevarci alle cose immortali e sempiterne. Quindi dobbiamo rivolgere l'attenzione a quale sia la natura vitale in grado di percepire tutte queste cose; la quale di certo, poiché dà la vita al corpo, è necessariamente superiore ad esso. Una mole qualsiasi, infatti, benché risplenda di luce visibile, non si deve stimare molto, se è priva di vita. È legge di natura, appunto, che qualsiasi sostanza vivente sia superiore a qualsiasi sostanza non vivente.

29.53. Ma, siccome nessuno dubita che anche gli animali irrazionali vivono e sentono, l'aspetto più eccellente dell'animo umano non è nel fatto che percepisce le cose sensibili, ma nel fatto che le giudica. Del resto, molti animali dispongono di una vista più acuta degli uomini e con gli altri sensi percepiscono i corpi in modo più penetrante; ma giudicare dei corpi è proprio della vita, che non è soltanto sensibile ma che è anche razionale, della quale essi sono privi: per questo noi siamo superiori. È infatti molto facile rendersi conto che chi giudica è superiore alla cosa giudicata. La vita razionale, peraltro, giudica non solo le cose sensibili, ma anche i sensi; giudica, per esempio, perché è necessario che il remo nell'acqua appaia spezzato, mentre è diritto, e perché gli occhi lo percepiscano così. La vista, infatti, può riportare il fatto, ma in nessun modo può giudicarlo. È perciò evidente che, come la vita sensibile è superiore al corpo, così la vita razionale è superiore ad entrambi.

CAPITOLO XXX

LA VERITÀ È SUPERIORE ALLA RAGIONE

30.54. Se, dunque, la ragione giudica secondo propri criteri, non c'è nessuna natura che le sia superiore. Ma è chiaro che è mutevole, dal momento che si scopre ora esperta ora inesperta, e giudica tanto meglio quanto più è esperta ed è tanto più esperta quanto più conosce qualche arte o disciplina o sapienza; perciò bisogna esaminare la natura di questa arte. In questo caso non intendo l'arte che si acquista mediante l'esperienza, ma quella che si scopre mediante la riflessione. Che cosa di straordinario sa chi sa che le pietre aderiscono tra loro più saldamente con quella materia che si fa con calce e sabbia, piuttosto che con il fango? O chi costruisce con tanto gusto estetico da far sì che tutte le parti molteplici si corrispondano in modo simmetrico e quelle singole invece occupino la zona mediana? Anche se questo senso delle proporzioni appartiene di più alla ragione e alla verità. Bisogna invece che ci domandiamo perché ci infastidisce se, di due finestre non sovrapposte ma poste l'una accanto all'altra, una è più grande o più piccola, quando avrebbero potuto essere uguali, e non ci infastidisce invece la loro diseguaglianza se sono sovrapposte e l'una è la metà dell'altra; e perché, dato che sono due, non ci interessa molto di quanto l'una sia maggiore o minore dell'altra. Se invece fossero tre, il senso di proporzione sembrerebbe richiedere che siano uguali o che, tra la più grande e la più piccola, quella posta al centro sia di tanto più grande della minore di quanto è più piccola della maggiore. Così, a prima vista, pare che sia la natura stessa a indicare il giudizio da esprimere. A questo proposito, bisogna osservare in modo particolare come avvenga che quello che, considerato da solo, non ci dispiace affatto, venga respinto quando è confrontato con una cosa migliore. In tal modo si scopre che l'arte per i più non è che il ricordo di cose sperimentate e trovate piacevoli, unito ad una certa abilità nell'esecuzione materiale. Ma, anche se questo requisito manca e quindi non si è in grado di realizzare le opere d'arte, è ancora possibile giudicare il loro valore, e questa è la cosa più importante.

30.55. In tutte le arti piace l'armonia, che è la sola a rendere tutte le cose complete e belle; essa inoltre richiede corrispondenza e unità, o per la somiglianza delle parti simmetriche o per la gradazione di quelle asimmetriche. Ma, chi può trovare nei corpi perfetta proporzione o somiglianza, per cui, dopo attenta considerazione, osi dire che un corpo qualsiasi possiede veramente e semplicemente l'unità, quando tutte le cose mutano, passando o da un aspetto ad un altro o da luogo ad un altro, e constano di parti che occupano posti propri, per cui sono diversamente distribuite nello spazio? D'altro canto, la vera proporzione e somiglianza, come pure l'unità vera e prima, non si percepiscono con gli occhi del corpo né con alcun altro senso, ma con un atto di intellezione. Da dove infatti si richiederebbe nei corpi la presenza di una qualsiasi proporzione o da dove si trarrebbe la convinzione che essa è molto differente da quella perfetta, se questa non fosse colta dalla mente? Ammesso che si possa chiamare perfetto ciò che non è stato fatto.

30.56. E, mentre tutte le bellezze sensibili, tanto quelle generate dalla natura quanto quelle prodotte dall'arte, sono tali in relazione allo spazio e al tempo, come il corpo e i suoi movimenti, quella proporzione e unità, nota solo alla mente e in base alla quale si giudichi della bellezza corporea con la mediazione dei sensi, non si estende nello spazio né può mutare nel tempo. A rigore infatti è impossibile che, in base ad essa, si giudichi della rotondità di una ruota ma non di quella di un vaso, Oppure della rotondità di un vaso ma non di quella di una moneta. Allo stesso modo, per ciò che riguarda i tempi e i movimenti dei corpi, è ridicolo dire che, in base ad essa, si giudica dell'uguaglianza degli anni ma non di quella dei mesi, oppure dell'uguaglianza dei mesi ma non di quella dei giorni. In realtà, il giudizio su qualcosa che si muova in modo ordinato o per un anno o per un mese o per un'ora o per un tempo ancora più breve, si esprime sulla base di una sola e sempre identica proporzione. Ora, se per giudicare la maggiore o minore estensione delle figure si impiega la stessa legge di uguaglianza, di somiglianza o di simmetria, vuol dire che tale legge è maggiore di tutte queste cose, ma in potenza; invece per estensione di spazio o di tempo essa non è né maggiore né minore, perché, se fosse maggiore, non giudicheremmo in base ad essa ciò che è minore; se invece fosse minore, non giudicheremmo in base ad essa ciò che è maggiore. E, inoltre, poiché è in base alla legge della quadratura che si giudica quadrata una piazza o una pietra o una tavoletta o una gemma; e, ancora, poiché è in base alla legge della proporzione che si giudica adeguato a loro tanto il movimento dei piedi di una formica che corre quanto quello di un elefante che cammina, chi può dubitare che tale legge, che in potenza è superiore a tutti, non è né maggiore né minore in rapporto agli intervalli di spazio e di tempo? Ma, dal momento che questa legge di tutte le arti è assolutamente immutabile, mentre la mente umana, cui è stato concesso di coglierla, è esposta alla mutabilità dell'errore, è abbastanza chiaro che tale legge, che si chiama verità, è al di sopra della nostra mente.

CAPITOLO XXXI

DIO È LA LEGGE SUPREMA E IMMUTABILE DI OGNI GIUDIZIO

31.57. Né si può mettere in dubbio che la natura immutabile, che è al di sopra dell'anima razionale, è Dio, e che dove si trovano la prima vita e la prima essenza là si trova anche la prima sapienza. Questa infatti è la verità immutabile che, a buon diritto, è detta legge di tutte le arti e arte dell'artefice onnipotente. Quindi l'anima, in quanto si rende conto che non giudica della bellezza e dei movimenti dei corpi in base a se stessa, bisogna che riconosca che, se la propria natura è superiore a quella di ciò che giudica, invece è inferiore a quella in base alla quale giudica e della quale in nessun modo può giudicare. Io posso dire per quale motivo vi deve essere corrispondenza simmetrica tra le parti simili di ciascun corpo, perché mi compiaccio di quella somma proporzione che di certo non scorgo con gli occhi del corpo ma con quelli della mente. Pertanto giudico ciò che scorgo con gli occhi tanto migliore quanto più, per sua stessa natura, è più vicino a ciò che colgo con l'anima. Perché poi le cose stiano così, nessuno lo può dire, come pure nessuno potrebbe in modo rigoroso affermare che devono essere così, quasi che potessero essere diversamente.

31.58. Nessuno, d'altra parte, se ha ben compreso, oserà dire perché queste cose ci piacciono e perché, quando le gustiamo meglio, le amiamo moltissimo. Come infatti noi, insieme a tutte le anime razionali, giudichiamo rettamente delle cose inferiori secondo verità, così la verità stessa, da sola, giudica di noi, quando ci adeguiamo ad essa. Ma della verità in sé non giudica neanche il Padre, perché essa non è inferiore a Lui e quindi ciò che il Padre giudica, lo giudica proprio secondo verità. Per tutto ciò che tende all'unità la verità costituisce regola, forma, esempio o comunque la si voglia chiamare, perché essa sola ha pienamente realizzato la somiglianza con Colui dal quale ha ricevuto l'essere, ammesso che l'espressione "ha ricevuto" non sia usata in maniera impropria se riferita al Figlio, perché egli non ha l'essere da se stesso ma dal primo e sommo principio che si chiama Padre dal quale ogni paternità nei cieli e sulla terra prende nome. È per questo che il Padre non giudica nessuno, ma ha rimesso ogni giudizio al Figlio e l'uomo spirituale giudica ogni cosa, senza poter essere giudicato da nessuno, ovvero da nessun uomo, ma soltanto da quella stessa legge secondo la quale giudica tutte le cose, giacché è anche detto con assoluta verità: Tutti dobbiamo comparire davanti al tribunale di Cristo. L'uomo che vive secondo lo spirito dunque giudica tutto, perché è al di sopra di tutto, in quanto è unito a Dio. Ma è unito a Dio in quanto riflette con mente pura ed ama con piena carità ciò che comprende. Così, per quanto gli è possibile, egli stesso si identifica con la legge in sé, secondo la quale giudica tutto e che non può essere giudicata da nessuno. Quanto detto vale anche per le leggi terrene: anche se gli uomini, istituendole, le giudicano, una volta istituite e consolidate, al giudice sarà consentito non di giudicarle, ma di giudicare in base ad esse. Perciò il legislatore, se è uomo buono e sapiente, consulta la legge eterna, che nessun'anima può giudicare, per discernere, secondo le sue immutabili regole, che cosa si debba comandare o vietare, nelle diverse circostanze. Alle anime pure, dunque, è consentito di conoscere la legge eterna, ma non di giudicarla. La differenza consiste in questo: per conoscere è sufficiente constatare che una cosa è così o non è così; per giudicare, invece, aggiungiamo qualche cosa con cui ammettiamo che potrebbe anche essere diversamente, come quando diciamo: "Deve essere così", oppure "avrebbe dovuto essere così", o ancora "dovrà essere così", come fanno gli autori nel confronti delle loro opere.

CAPITOLO XXXII

L'UNITÀ IN SE STESSA SI INTUISCE SOLO CON LA MENTE

32.59. Ma per molti lo scopo è il diletto umano e si rifiutano di mirare alle cose più alte, in modo da giudicare perché le cose visibili piacciano. Così, se chiedo ad un architetto perché, dopo aver costruito un arco, ne innalzi un altro simile nella parte opposta, egli, credo, risponderà: perché ci sia una corrispondenza simmetrica tra le parti dell'edificio. Se continuerò a chiedergli il motivo di questa scelta, mi risponderà che la corrispondenza simmetrica è cosa conveniente, bella e piacevole a chi l'osserva, e non oserà dire niente di più. Con gli occhi rivolti in basso, si rimette a ciò che vede, senza comprendere da dove derivi. Ma all'uomo, che è in possesso di un occhio interiore e che vede nell'invisibile, non cesserò di ricordare perché queste cose piacciano, in modo che sia capace di giudicare lo stesso diletto umano. Così infatti lo può oltrepassare, senza esserne dominato, in quanto non giudica in base ad esso, ma esso stesso. E anzitutto gli chiederò se le cose sono belle perché piacciono o se piacciono perché sono belle; in proposito di certo mi risponderà che piacciono perché sono belle. Gli chiederò poi perché sono belle e, se mostrerà qualche esitazione, gli suggerirò che forse sono tali perché le parti sono tra loro simili e, per una sorta di intimo legame, danno luogo ad un insieme armonico.

32.60. Quando si sarà convinto di ciò, gli domanderò se le parti raggiungano in maniera completa l'unità a cui manifestamente tendono oppure se restino molto al di sotto e, in un certo modo, la simulino soltanto. Ammettiamo che sia così (e chi non vedrebbe, una volta messo sull'avviso, che non c'è nessuna forma, nessun corpo che non presenti in sé qualche segno di unità; e che un corpo, per quanto bellissimo, non può raggiungere l'unità a cui tende, dal momento che, a causa della sua estensione, le sue parti si dispongono necessariamente in punti diversi dello spazio?). Se dunque le cose stanno così, gli chiederò con insistenza di dirmi dove egli veda questa unità e da dove la veda; perché, se non la vedesse, da dove potrebbe sapere cosa imitano i corpi nel loro aspetto e cosa non riescono pienamente a raggiungere? Infatti, quando dice ai corpi: "Voi non sareste nulla se non ci fosse qualche unità a tenervi insieme; ma, d'altro canto, se foste l'unità stessa, non sareste corpi", a buon diritto gli si può domandare: "Da dove conosci l'unità in base alla quale giudichi i corpi?". Giacché, se non la vedessi, non potresti giudicare perché i corpi non la raggiungano pienamente. Se poi la vedessi con gli occhi del corpo, non diresti con verità che sono molto distanti da essa, sebbene ne portino in sé un'impronta? Infatti, con questi occhi corporei non vediamo che cose corporee. È con la mente dunque che vediamo l'unità. Ma dove la vediamo? Se fosse nel luogo in cui è il nostro corpo, non la vedrebbe chi, pur stando in Oriente, giudica i corpi con lo stesso nostro procedimento. Essa perciò non è contenuta in un luogo e, poiché è presente ovunque c'è chi giudica, di fatto non è in nessun luogo, in potenza invece è dappertutto.

CAPITOLO XXXIII

L'ERRORE NON DIPENDE DAI CORPI O DAI SENSI, MA DAL GIUDIZIO

33.61. Se i corpi costituiscono una simulazione della verità, non dobbiamo credere loro proprio in quanto simulatori per non cadere nelle vanità dei vaneggianti, ma piuttosto dobbiamo chiederci - dato che la simulano perché sembra che la mostrino agli occhi carnali, mentre essa può essere colta solo dalla mente pura - se la simulano in quanto le sono simili o in quanto non la raggiungono. Infatti, se la raggiungessero, realizzerebbero pienamente ciò che imitano. Se poi la realizzassero pienamente, le sarebbero simili in ogni aspetto; ma se le fossero simili in ogni aspetto, non ci sarebbe nessuna differenza fra la sua natura e quella dei corpi. In tal caso, non la simulerebbero, ma sarebbero con essa la stessa cosa. Tuttavia, guardando con maggiore attenzione, ci si rende conto che essi non simulano, perché simula chi vuol apparire ciò che non è; invece chi, suo malgrado, è ritenuto diverso da quello che è, non simula, ma inganna semplicemente. Infatti chi simula si distingue da chi inganna per il fatto che ha sempre la volontà di ingannare, anche quando non gli si creda; mentre, finché uno non inganna, non può essere ingannatore. Perciò le specie corporee, in quanto sono prive di volontà, non simulano; se inoltre non sono prese per quello che non sono, non ingannano neppure.

33.62. Ma neppure gli occhi ingannano; essi infatti non sono in grado di far altro che riportare alla mente le loro impressioni. E se non solo essi. ma tutti i sensi del corpo riportano soltanto le loro impressioni, non so che cosa dovremmo pretendere di più da loro. Se togli perciò coloro che vaneggiano, non ci sarà più alcuna vanità. Se qualcuno ritiene che il remo in acqua sia spezzato e che torni integro una volta che ne è tolto, ciò non dipende dal fatto che ha un cattivo organo di senso, ma dal fatto che giudica erroneamente. Data la sua natura, infatti, l'occhio non poteva né doveva vedere diversamente nell'acqua; giacché infatti, se l'aria e l'acqua sono tra loro differenti, è legittimo che si abbiano percezioni diverse nel due elementi. L'occhio perciò vede in modo corretto; del resto, è stato fatto per questo, soltanto per vedere; chi sbaglia invece è l'anima, alla quale, per contemplare la suprema bellezza, è stata data la mente, non l'occhio. Ora, essa vuole rivolgere la mente al corpi e gli occhi a Dio, cioè cerca di comprendere le cose carnali e di vedere quelle spirituali, ma questo non è possibile.

CAPITOLO XXXIV

COME SI DEVONO GIUDICARE LE IMMAGINI SENSIBILI

34.63. Bisogna dunque correggere questa perversione, perché l'anima, se non avrà riposto in alto quel che è in basso e in basso quel che è in alto, non sarà preparata per il regno dei cieli. Non cerchiamo dunque le cose somme tra quelle infime e non attacchiamoci a queste. Giudichiamole, per non essere giudicati insieme ad esse; ossia diamo ad esse l'importanza che ricoprono le cose di infima bellezza, perché non ci capiti di essere posti tra gli ultimi da colui che è primo, dal momento che cerchiamo le cose prime tra le ultime. Ciò non nuoce affatto alle cose ultime, a noi invece moltissimo. Né per questo il governo della divina Provvidenza viene meno al proprio decoro, perché gli ingiusti hanno il posto che spetta loro secondo giustizia e i deformi quello che spetta loro secondo bellezza. E se siamo ingannati dalla bellezza delle cose visibili, perché essa partecipa dell'unità senza raggiungerla in modo completo, rendiamoci conto, se ci riusciamo, che siamo ingannati non da ciò che è, ma da ciò che non è. Ogni corpo infatti è un vero corpo, ma una falsa unità: non è l'Uno supremo, e non lo imita al punto di raggiungerlo; tuttavia non sarebbe neppure un corpo, se non avesse in qualche modo l'unità. D'altra parte, non potrebbe avere in qualche modo l'unità, se non la ricevesse da colui che è l'unità somma.

34.64. O anime pervicaci, datemi un uomo che riesca a vedere senza alcuna immagine di realtà materiali. Datemi un uomo che sia capace di comprendere che il principio dell'unità di ogni realtà non è che quell'unità dalla quale scaturisce tutto ciò che è uno, sia che lo realizzi pienamente sia che non lo realizzi pienamente. Datemi un uomo che veda effettivamente, non che stia a obiettare o che voglia sembrare che vede ciò che invece non vede. Datemi un uomo che resista al sensi della carne e ai colpi che, attraverso essi, ha subito nell'anima; che resista alle abitudini umane e alle lodi degli uomini; che si penta nel suo giaciglio, che rinnovi il proprio cuore, che non ami le vanità esteriori e non cerchi illusioni; che insomma sappia dire a se stesso: "Se non c'è che una sola Roma, fondata, a quanto si dice, da un certo Romolo vicino al Tevere, è falsa questa che immagini con il pensiero; non è infatti la stessa, né io con l'animo sono lì, altrimenti di certo saprei che cosa ora vi accade. Se vi è un solo sole, è falso questo che mi immagino col pensiero; infatti quello compie le sue orbite in spazi e tempi determinati, questo invece lo colloco dove voglio e quando voglio. Se uno solo è quel tal mio amico, falso è questo che mi immagino con il pensiero; infatti, dove quello sia non lo so, questo invece me lo immagino dove voglio. Io stesso, di certo, sono uno e sento che il mio corpo è in questo luogo; tuttavia, con gli artifici del pensiero, vado dove voglio e parlo con chiunque. Tutto ciò è falso e nessuno comprende il falso. Dunque non comprendo, quando contemplo e credo queste cose, perché, se è necessario che sia vero ciò che contemplo con l'intelletto, sono forse tali queste cose che siamo soliti chiamare immagini? Da cosa dipende dunque che la mia anima è piena di illusioni? Dove è il vero che si coglie con la mente?". A chi così pensa si può dire: la vera luce è quella per la quale riconosci che queste cose non sono vere. Attraverso essa vedi quell'Uno in base al quale giudichi che ha unità quanto altro vedi, ma tuttavia non è l'Uno ciò che di mutevole tu vedi.

CAPITOLO XXXV

SOLO NELLA CONTEMPLAZIONE DI DIO L'ANIMA TROVA LA QUIETE

35.65. Se l'occhio della mente freme per il desiderio di vedere queste cose, calmatevi; combattete soltanto contro le abitudini legate al corpi: sconfiggete queste abitudini e tutto sarà vinto. Di certo, noi cerchiamo l'Uno, e niente è più semplice di ciò. Cerchiamolo perciò in semplicità di cuore. Sta scritto: State quieti, e sappiate che io sono il Signore: non nella quiete della pigrizia, ma in quella del pensiero, che lo libera dai condizionamenti dello spazio e del tempo. Infatti, le immagini che provengono dall'eccitazione e dall'incostanza ci impediscono di vedere l'immutabile unità. Lo spazio ci presenta cose da amare, che poi il tempo ci porta via, lasciando nell'anima una folla di immagini, che stimolano la cupidigia ora verso un oggetto ora verso un altro. Così l'animo diviene inquieto e travagliato nel suo vano desiderio di possedere ciò da cui è posseduto. Perciò è invitato alla quiete, ovvero a non amare le cose che è impossibile amare senza affanni. Solo così infatti le dominerà: non ne sarà posseduto, ma le possederà. Il mio giogo è leggero è detto. Chi è sottomesso a questo giogo ha tutte le cose sottomesse e non si affannerà, perché ciò che gli è sottomesso non gli fa resistenza. Ma i miseri, che sono amici di questo mondo, dovranno esserne padroni, se vorranno essere figli di Dio, perché fu data loro la possibilità di divenire tali; appunto i miseri hanno tanta paura di separarsi dall'abbraccio del mondo che niente per essi è più affannoso quanto il non provare affanni.

CAPITOLO XXXVI

ERRORE E VERITÀ

36.66. Ma a chi è chiaro almeno che la falsità consiste nel credere che sia quel che non è, costui comprende che è la verità a mostrare ciò che è. Ma se i corpi ingannano, in quanto non raggiungono completamente quell'unità che, come è provato, imitano, ossia il principio per cui è uno tutto ciò che è; se è naturale che approviamo tutto ciò che tende ad essergli simile, mentre disapproviamo ciò che si allontana dall'unità e tende a essere dissimile da essa; allora si comprende che c'è qualcosa così simile a questa unità, Principio dal quale deriva l'unità di tutto ciò che in qualche modo è unitario, da realizzarla completamente e identificarsi con essa: questa è la verità, il Verbo che era in principio, il Verbo Dio presso Dio. Se dunque la falsità deriva dalle cose che imitano l'unità, però non in quanto la imitano, ma in quanto non riescono a realizzarla completamente, la verità è quella che riuscì a realizzarla completamente e ad essere ciò che essa è. Essa è quella che la mostra come è, per cui assai opportunamente è chiamata suo Verbo e sua Luce. Tutte le altre cose si possono dire simili a questa unità, in quanto sono, giacché, come tali, sono anche vere. Ma essa ne è la perfetta somiglianza e dunque la verità. È per la verità infatti che sono vere le cose che sono vere, come è per la somiglianza che sono simili tutte le cose che sono simili. Come, dunque, la verità è la forma delle cose vere, così la somiglianza è la forma delle cose simili. Perciò, dato che le cose vere sono vere in quanto sono, e in tanto sono in quanto sono simili all'Uno che ne è il principio, la somma somiglianza al Principio è la forma di tutte le cose che sono; essa è anche la verità, perché è priva di dissomiglianza.

36.67. Perciò la falsità non ha origine né dall'inganno delle cose, perché a chi le osserva esse mostrano soltanto l'aspetto che hanno ricevuto secondo il loro grado di bellezza; né dalla fallacia dei sensi, perché all'anima che li governa essi non trasmettono altro che le impressioni che hanno ricevuto secondo la natura del corpo a cui appartengono. Sono invece i peccati che ingannano le anime, quando esse cercano il vero, dopo aver abbandonato e dimenticato la verità. Infatti, dal momento che hanno amato le opere più del loro artefice e dell'arte stessa, è questo stesso errore la loro punizione: cercando l'artefice e l'arte nelle opere e non riuscendo a trovarli (Dio, infatti, non solo non è oggetto dei sensi del corpo, ma sovrasta la mente stessa), credono che le opere siano l'arte e l'artefice.

CAPITOLO XXXVII

L'IDOLATRIA NASCE DALL'AMORE PER LE CREATURE

37.68. Da qui scaturisce ogni empietà, non solo di coloro che peccano, ma anche di quelli che sono stati condannati per i loro peccati. Infatti non solo vogliono scrutare le creature contro il precetto divino e godere di esse invece che della legge e della verità - in questo consiste il peccato del primo uomo, che fece cattivo uso del libero arbitrio - ma, in questa loro dannazione, fanno anche dell'altro: non solo amano, ma servono anche le creature piuttosto che il Creatore e le venerano in tutte le loro parti, dalle più alte fino alle più basse. Alcuni si limitano a venerare, invece del sommo Dio, l'anima e la prima creatura dotata di intelletto, che il Padre creò per mezzo della verità perché contemplasse sempre quella stessa verità e, attraverso essa, Lui stesso, in quanto gli è somigliante sotto ogni aspetto. Quindi passano alla vita generativa, attraverso la quale Dio eterno ed immutabile produce gli esseri che generano le cose visibili e temporali. Poi procedono a venerare gli animali, quindi i corpi stessi e, tra questi, in primo luogo scelgono i più belli, tra i quali danno la preminenza ai corpi celesti. Di essi il primo che si incontra è il sole, e al sole alcuni si arrestano. Altri giudicano degno di culto anche lo splendore della luna; infatti è più vicina a noi, come si crede, per cui si pensa che abbia un aspetto più familiare. Altri aggiungono altri corpi celesti e l'intero cielo con le sue stelle. Altri al cielo etereo uniscono l'aria e sottomettono le loro anime a questi due elementi corporei superiori. Ma tra questi si reputano i più religiosi quelli che ritengono come unico grande Dio, del quale tutte le altre cose sono parti, tutta quanta la creazione, cioè il mondo intero con tutto ciò che contiene, e il principio vitale, per il quale respira ed è animato, e che alcuni credono corporeo, altri incorporeo. Infatti, non conoscendo l'Autore e Creatore dell'universo, si gettano sugli idoli e, dopo essersi immersi nelle opere di Dio, si immergono nelle proprie, che tuttavia sono ancora visibili.

CAPITOLO XXXVIII

LE TRE FORME DELLA CONCUPISCENZA

38.69. C'è infatti un culto idolatrico deteriore e più basso, per il quale gli uomini adorano le proprie immaginazioni e rispettano con il nome di religione tutto ciò che, nella loro mente in disordine, hanno immaginato pensando con superbia ed orgoglio, fino a che l'anima non prende coscienza che nulla affatto si deve adorare e che errano gli uomini che si avvolgono nella superstizione, impigliandosi in una misera schiavitù. Tuttavia si tratta di una vana coscienza, perché non riescono a liberarsi della schiavitù: rimangono infatti gli stessi vizi dai quali sono attratti, al punto di ritenerli degni di adorazione. Sono schiavi di una triplice cupidigia: del piacere, dell'ambizione e della curiosità. Escludo che vi sia qualcuno. fra coloro che ritengono che nulla si debba adorare, che non sia sottomesso al piaceri carnali o non nutra una vana ambizione di potenza o non vada pazzo per qualche spettacolo. Così, senza rendersene conto, amano le cose temporali al punto che si aspettano da esse la felicità; e di queste cose, dalle quali si attendono la felicità, ineluttabilmente diventano schiavi, lo vogliano o no. Infatti si finisce con il seguirle, dovunque esse conducano, nel timore che qualcuno possa portarsele via. Eppure le può portar via o una scintilla di fuoco o una piccola bestiola; inoltre, per tralasciare le innumerevoli avversità, c'è il tempo che ineluttabilmente porta via tutte le cose destinate a finire. Pertanto, siccome questo mondo comprende tutte realtà temporali, quelli che ritengono che non si deve adorare nulla per non essere schiavi, di fatto sono schiavi di tutte le parti di cui il mondo è costituito.

38.70. Questi infelici tuttavia, benché si trovino in una condizione così bassa da essere dominati dai loro vizi, vittime o della lussuria o della superbia o della curiosità, oppure di due di questi vizi o di tutti, fino a che sono nella vita terrena possono combattere e vincere, a patto però che prima credano a ciò che non sono ancora in grado di comprendere e non amino il mondo, perché, come Dio stesso ha detto, tutto quello che è nel mondo è concupiscenza della carne, concupiscenza degli occhi e ambizione mondana. I tre vizi sono così designati: la concupiscenza della carne indica chi ama i piaceri più bassi; la concupiscenza degli occhi i curiosi; l'ambizione mondana i superbi.

38.71. Nell'umana natura, di cui essa stessa si è rivestita, la Verità ha mostrato una triplice tentazione da cui liberarci. Il tentatore disse: Ordina che queste pietre diventino pane; ma l'unico e solo Maestro rispose: Non di solo pane vive l'uomo, ma di ogni parola che proviene da Dio. Così ha insegnato che bisogna dominare le brame del piacere, in modo da non cedere neppure alla fame. Ma chi non si era lasciato attrarre dal piacere della carne, forse avrebbe potuto essere attratto dal fasto del potere temporale; perciò gli furono mostrati tutti i regni della terra e gli fu detto: Ti darò tutte queste cose se, prostrandoti, mi adorerai. Ma gli fu risposto: Adorerai il Signore Dio tuo e a Lui solo renderai culto. Così fu schiacciata la superbia. Ma fu domata anche l'ultima tentazione, quella della curiosità. Il tentatore lo spingeva a gettarsi giù dalla sommità del tempio solo allo scopo di dare una prova; ma neppure in questo caso fu vinto e rispose in modo da farci comprendere che, per conoscere Dio, non c'è bisogno di prove rivolte a scoprire le cose divine in modo visibile. Disse infatti: Non tenterai il Signore Dio tuo. Pertanto, chiunque si nutre interiormente della parola di Dio, non cerca il piacere nel deserto di questo mondo. Chi è sottomesso solo all'unico Dio, non cerca di mettersi in mostra sul monte, cioè attraverso l'elevazione terrena. Chiunque sta saldamente legato allo spettacolo eterno della verità immutabile, non se ne distacca per precipitarsi a conoscere, attraverso la parte più alta del suo corpo, cioè gli occhi, le cose temporali e inferiori.

CAPITOLO XXXIX

PERFINO I VIZI SONO UN RICHIAMO A DIO. INTERIORITÀ E TRASCENDENZA

39.72. C'è dunque ancora qualcosa che non possa ricordare all'anima la primitiva bellezza che ha perduto, dal momento che lo possono fare i suoi stessi vizi? La sapienza divina pervade il creato da un confine all'altro; quindi, per tramite suo, il sommo Artefice ha disposto tutte le sue opere in modo ordinato, verso l'unico fine della bellezza. Nella sua bontà pertanto a nessuna creatura, dalla più alta alla più bassa, ha negato la bellezza, che da Lui soltanto può venire, così che nessuno può allontanarsi dalla verità senza portarne con sé una qualche immagine. Chiediti che cosa ti attrae nel piacere fisico e troverai che non è niente altro che l'armonia; infatti, mentre ciò che è in contrasto produce dolore, ciò che è in armonia piacere. Riconosci quindi in cosa consiste la suprema armonia: non uscire fuori di te, ritorna in te stesso: la verità abita nell'uomo interiore e, se troverai che la tua natura è mutevole, trascendi anche te stesso. Ma ricordati, quando trascendi te stesso, che trascendi l'anima razionale: tendi, pertanto, là dove si accende il lume stesso della ragione. A che cosa perviene infatti chi sa ben usare la ragione, se non alla verità? Non è la verità che perviene a se stessa con il ragionamento, ma è essa che cercano quanti usano la ragione. Vedi in ciò un'armonia insuperabile e fa in modo di essere in accordo con essa. Confessa di non essere tu ciò che è la verità, poiché essa non cerca se stessa; tu invece sei giunto ad essa non già passando da un luogo all'altro, ma cercandola con la disposizione della mente, in modo che l'uomo interiore potesse congiungersi con ciò che abita in lui non nel basso piacere della carne, ma in quello supremo dello spirito.

39.73. Ma se non ti è chiaro ciò che dico e dubiti che sia vero, guarda almeno se non dubiti di dubitarne; e, se sei certo di dubitare, cerca il motivo per cui sei certo. In questo caso senz'altro non ti si presenterà la luce di questo sole, ma la luce vera, che illumina ogni uomo che viene in questo mondo. Essa non si può percepire né con questi occhi né con quelli con cui sono pensate le rappresentazioni che gli occhi stessi imprimono nell'anima, ma con quelli con cui alle stesse rappresentazioni diciamo: "Non siete voi ciò che lo cerco, e non siete neppure il principio in base al quale vi dispongo in ordine; ciò che trovo brutto in voi lo disapprovo, mentre approvo ciò che trovo di bello; ma, poiché il principio per cui disapprovo e approvo è più bello, lo approvo di più e lo antepongo non solo a voi, ma anche a tutti i corpi dal quali vi ho attinte". Quindi questa regola, che tu constati, formulala così: Chiunque comprende che sta dubitando, comprende il vero e di ciò che comprende è certo; dunque è certo del vero. Ciò vuol dire che chiunque dubita dell'esistenza della verità, ha in se stesso il vero, per cui non può dubitare. Ma il vero è tale unicamente per la verità; perciò non deve dubitare della verità chi ha potuto dubitare per qualche motivo. Queste cose appaiono manifeste dove risplende la luce che non si estende né nello spazio né nel tempo e che non può essere rappresentata né in forma spaziale né in forma temporale. Tali cose possono corrompersi da qualche parte? No, benché perisca o diventi vecchio tra gli esseri carnali inferiori chiunque possiede l'uso di ragione. In realtà il ragionamento non crea tali verità, ma le scopre. Esse perciò sussistono in sé prima ancora che siano scoperte e, una volta scoperte, ci rinnovano.

CAPITOLO XL

LA BELLEZZA DEI CORPI COME RIFLESSO DELL'ORDINE UNIVERSALE

40.74. Così rinasce l'uomo interiore mentre l'uomo esteriore si corrompe di giorno in giorno. Ma l'interiore guarda l'esteriore e lo trova deforme rispetto a se stesso; eppure lo vede bello nel suo genere, lieto per l'armonia che è propria dei corpi e capace di consumare ciò che trasforma a suo beneficio, cioè gli alimenti della carne. Questi, una volta che sono stati consumati, cioè che hanno perduta la propria forma, vanno a costituire la materia di cui sono fatte queste membra e ricostituiscono ciò che è stato disgregato, assumendo altre forme ad esse assimilabili. Mediante l'impulso vitale quindi sono in qualche modo selezionati, così che quelli tra essi che sono adatti vengono assunti nella struttura della nostra bellezza visibile, quelli che non lo sono invece sono espulsi attraverso le opportune vie. Di questi ultimi alcuni vengono restituiti alla terra come escremento per assumere altre forme, altri fuoriescono per tutto il corpo, altri ancora accolgono in sé gli ordini temporali latenti di tutto l'essere vivente, preparandosi alla procreazione, e, quando sono stimolati o dall'unione di due corpi o dall'immagine di tale unione, defluiscono dalla sommità della testa attraverso gli organi genitali, in un basso piacere. Nella madre poi, secondo un ordine temporale ben determinato, essi vengono predisposti in un ordine spaziale, di modo che tutte le membra occupino il loro posto. E se queste hanno mantenuto la giusta proporzione, una volta aggiunto lo splendore del colore, nasce il corpo che si dice ben formato e che è amato intensamente da coloro che lo hanno a caro. E tuttavia in esso ciò che piace di più non è la bellezza che viene animata, ma la vita che la anima. Infatti questo essere vivente, se ci ama, ci attira a se con più forza; se invece ci odia, ci adiriamo e non riusciamo a sopportarlo, anche se ci offre la sua stessa bellezza per goderne. È qui che regna il piacere, e la bellezza più bassa, perché è soggetta a corruzione; se così non fosse, sarebbe ritenuta somma.

40.75. Ma interviene la divina Provvidenza per mostrare che tale bellezza non è di per sé un male, perché sono ben evidenti in essa le tracce delle supreme armonie in cui si manifesta la sapienza infinita di Dio; ma anche per mostrare, col mescolarvi dolori, malattie, deformazioni di membra, pallori, gelosie e discordie tra gli animi, che si tratta di una bellezza infima, in modo che siamo ammoniti a cercare ciò che non muta. Realizza tutto ciò tramite quegli infimi servitori che provano piacere a farlo, che le Sacre Scritture chiamano angeli sterminatori ed angeli dell'ira, benché non sappiano quale beneficio ne derivi. Ad essi sono simili quegli uomini che godono delle disgrazie altrui e che si procurano o cercano di procurarsi motivi di riso o divertenti spettacoli con le sciagure e gli errori altrui. Per i buoni tutto ciò serve di ammonimento e di prova e così essi vincono, trionfano, regnano; i malvagi invece sono ingannati, tormentati, vinti, condannati e costretti a servire non l'unico sommo Signore di tutte le cose, ma gli ultimi suoi servi, ossia quegli angeli che si nutrono dei dolori e della miseria dei dannati e, a causa della loro malvagità, si affliggono per la liberazione dei buoni.

40.76. Così tutti, secondo i rispettivi ruoli e fini, sono ordinati in rapporto alla bellezza dell'universo in modo che quanto, considerato per se stesso, ci fa orrore, se considerato nell'insieme, invece ci piace moltissimo. Pertanto, nel giudicare un edificio non dobbiamo limitarci a considerare un angolo soltanto, né in un uomo bello i soli capelli, né in un buon oratore il solo movimento delle dita né nel corso della luna le fasi di tre giorni soltanto. Queste cose infatti, che sono infime perché composte di parti imperfette, sono invece perfette nell'insieme: la loro bellezza può essere percepita sia in quiete sia in movimento; tuttavia bisogna considerarle nell'insieme, se si vuole giudicarle in modo corretto. Il nostro giudizio vero, infatti, è bello sia che riguardi l'insieme sia una sua parte: in quanto è conforme alla verità, con esso trascendiamo il mondo intero e non restiamo legati a nessuna delle sue parti. Il nostro errore invece è brutto di per sé, in quanto ci fa aderire ad una sua parte. Ma come il colore nero in un dipinto diviene bello in rapporto all'insieme, così l'agone della vita nel suo insieme si rivela accettabile perché l'immutabile divina Provvidenza assegna un ruolo ai vinti, un altro a chi lotta, un altro ancora ai vincitori e uno agli spettatori, un ultimo infine ai pacifici che contemplano solo Dio. In tutti costoro infatti non vi è altro male che il peccato e la pena del peccato, ossia il distacco volontario dalla più alta essenza e l'affanno involontario in quella più bassa o, per dirla in altri termini, l'affrancamento in virtù della giustizia, la servitù in conseguenza del peccato.

CAPITOLO XLI

C'È BELLEZZA ANCHE NELLA PENA DEL PECCATO

41.77. L'uomo esteriore viene meno o per i progressi di quello interiore o per proprio difetto. Nel primo caso lo fa in modo da migliorare l'insieme che viene ricostituito nella sua totalità e da essere restituito, al suono dell'ultima tromba, alla sua originaria integrità, per non più né corrompersi né corrompere. Nel secondo caso invece precipita in mezzo alle bellezze più corruttibili, cioè nell'ordine delle pene. Non meravigliamoci che le chiami ancora "bellezze"; infatti non vi è nulla che, in quanto rientra nell'ordine, non sia bello, perché, come dice l'Apostolo, ogni ordine viene da Dio.

Bisogna riconoscere che un uomo che piange è migliore di un vermiciattolo felice; pur tuttavia con animo sincero potrei tessere un ampio elogio del vermiciattolo, considerando lo splendore del suo colore, la forma ben tornita del corpo, la proporzione fra le parti anteriori e quelle mediane e fra queste e quelle posteriori, la tendenza all'unità che esse conservano, pur nell'umiltà della loro natura: non c'è nessuna parte nel vermiciattolo che non trovi piena corrispondenza nell'altra. Che dire poi del principio vitale che anima il modo di modularsi del suo corpo, di come lo fa muovere ritmicamente, di come gli fa ricercare ciò che gli è confacente, di come gli fa superare o prevenire, per quanto può, ciò che gli si oppone e di come, riportando tutto al solo istinto di conservazione, lascia intravedere, in maniera molto più evidente del corpo, quell'unità che fa essere tutte le cose? Eppure parlo di un qualsiasi vermiciattolo vivo. Molti hanno pronunciato le lodi della cenere e dello sterco in modo ampio e con grande verità. Perché allora meravigliarsi se dico che l'anima dell'uomo - migliore di ogni corpo, dovunque sia e come che sia - appartiene all'ordine delle bellezze e che dalle sue pene scaturiscono altre bellezze, pur trovandosi, nella sua miseria, dove conviene che stiano i miseri anziché i beati?

41.78. Non lasciamoci ingannare da nessuno. Tutto ciò che è giustamente oggetto di disprezzo viene rifiutato in confronto a ciò che è migliore. Ogni natura, per quanto ultima o infima, è a buon diritto degna di lode in confronto al nulla. Ed allora nessuno è bene, se può essere migliore. Perciò per noi, se può essere bene rimanere con la verità stessa, è male rimanere con una sua traccia qualsiasi e, dunque, ancora peggio, con ciò che resta di una traccia, come avviene quando ci attacchiamo al piaceri della carne. Cerchiamo di vincere quindi sia le lusinghe che le molestie di questa cupidigia: sottomettiamo questa dimensione effeminata, se siamo uomini. Se siamo noi a comandare, anch'essa diventerà migliore e non si chiamerà più cupidigia, ma temperanza; se invece è essa a comandare e noi le andiamo dietro, si chiamerà cupidigia e libidine e noi non saremo altro che temerità e stoltezza. Seguiamo Cristo, nostro capo, affinché anch'essa venga dietro a noi, che le siamo guida.

Quanto detto si può prescrivere anche alle donne, non per diritto coniugale, ma per diritto di fraternità, in base al quale in Cristo non siamo né maschio né femmina. Anch'esse infatti hanno qualcosa di virile per sottomettere i piaceri da femmina, per servire Cristo e dominare la cupidigia. Nell'economia del popolo cristiano ciò del resto avviene gia non solo in molte vedove e vergini consacrate a Dio, ma anche in molte donne sposate che adempiono ai doveri coniugali con fraterna disponibilità. Poiché, se di quella parte sulla quale Dio ci prescrive di avere il dominio esortandoci e aiutandoci a tornare in possesso di noi stessi, per negligenza ed empietà l'uomo, cioè la mente e la ragione, diventerà suddito, egli sarà certamente un uomo turpe e infelice. Ma in questa vita egli ha un destino e, dopo questa vita, un posto là dove il supremo Reggitore e Signore ritiene giusto destinarlo e collocarlo. Perciò, nessuna deformità può macchiare il creato nel suo insieme.

CAPITOLO XLII

LA CONCUPISCENZA STESSA DELLA CARNE SOLLECITA L'UOMO A CERCARE L'ARMONIA INVISIBILE

42.79. Camminiamo dunque, mentre è per noi il giorno cioè fino a che possiamo servirci della ragione, in modo che, rivolti a Dio, ci rendiamo degni di essere illuminati dal suo Verbo, che è la vera luce, e di non essere mai avvolti dalle tenebre. Il giorno infatti è per noi la presenza di quella luce che illumina ogni uomo che viene in questo mondo. "Uomo" è detto, perché può valersi della ragione e, dove è caduto, lì può appoggiarsi per rialzarsi. Se dunque si ama il piacere della carne, vi si presti maggiore attenzione e, quando si siano riconosciute in esso le tracce di alcune armonie, si ricerchi dove si trovino nella loro forma originaria, perché lì è maggiore il grado di unità del loro essere. E se tali tracce sono presenti nello stesso impulso vitale, che agisce nel semi, è lì che vanno ammirate più che nel corpo. Qualora, infatti, i ritmi vitali dei semi avessero un'espansione simile a quella dei semi stessi, da mezzo granello di fico nascerebbe mezzo albero di fico e da semi animali non integri nascerebbero animali non integri e completi e un solo e piccolissimo seme non avrebbe l'illimitata forza riproduttiva propria della sua specie. Da un solo seme invece, secondo la sua natura, si possono propagare, attraverso secoli, messi di messi, selve di selve, greggi di greggi, popoli di popoli, senza che vi sia, in una così ordinata successione, una foglia o un pelo la cui ragion d'essere non sia stata in quel primo ed unico seme. Si considerino poi le ordinate e soavi bellezze di suoni che l'aria trasmette quando vibra al canto dell'usignolo: di certo l'anima di quell'uccellino non potrebbe crearle spontaneamente a suo piacimento, se non le portasse impresse, in un modo non materiale, nel suo impulso vitale. Quanto detto si può riscontrare anche negli altri animali i quali, seppur privi di ragione, tuttavia non lo sono dei sensi. Tra loro infatti non vi è nessuno che, o nel suono della voce o in altro movimento e azione delle membra, non produca qualcosa di armonico e di misurato nel suo genere, non per effetto di qualche scienza, ma per un ordine intrinseco alla sua natura, regolato da quell'immutabile legge dell'armonia.

CAPITOLO XLIII

LA VERITÀ ETERNA È LA RAGIONE DELL'ORDINE UNIVERSALE

43.80. Ritorniamo a noi e lasciamo da parte quel che abbiamo in comune con le piante e gli animali. La rondine infatti nidifica in un solo modo e così pure ciascuna specie di uccelli. Che c'è dunque in noi che, a proposito di tutte queste cose, ci consente di giudicare a quali forme mirino e fino a che punto le realizzino e che, negli edifici e nelle altre opere materiali, ci permette di inventarne innumerevoli, come se fossimo i signori di tutte le forme? Che c'è in noi che ci fa interiormente comprendere che queste stesse masse visibili dei corpi sono grandi o piccole in proporzione; che ogni corpo, per quanto piccolo, può essere diviso in due parti e che, anche così diviso, può esserlo ancora in innumerevoli parti; che ogni granello di miglio, rispetto ad una sua parte - la quale occupa in lui tanto spazio quanto il nostro corpo in questo mondo -, è tanto grande quanto lo è il mondo rispetto a noi? E ancora, che ci fa capire che tutto questo mondo è bello non per la grandezza, ma per il rapporto tra le sue forme; che esso appare grande non per la sua ampiezza ma per la piccolezza nostra, cioè degli esseri viventi di cui è pieno, i quali, a loro volta, poiché possono essere divisi all'infinito, non sono così piccoli per se stessi, ma rispetto agli altri e soprattutto all'universo stesso? In modo del tutto simile avviene per il tempo, perché, come ogni estensione spaziale, così ogni durata temporale può essere divisa per due e, per breve che sia, ha un inizio, uno sviluppo e un termine. Dunque, deve comprendere inevitabilmente due metà, dal momento che si divide nel corso del suo procedere verso la fine. Per questo motivo la durata di una sillaba breve è breve in rapporto a quella di una più lunga, e l'ora invernale è più corta in rapporto a quella estiva. Come pure sono durate brevi quelle di una sola ora rispetto al giorno, di un giorno rispetto al mese, di un mese rispetto all'anno, di un anno rispetto al lustro, di un lustro rispetto a periodi più lunghi e di questi rispetto alla totalità del tempo. Però questa stessa armonica successione e, in qualche modo, gradazione di intervalli di luoghi e di tempi, è giudicata bella non per l'estensione o la durata, ma per l'ordinata disposizione.

43.81. Il criterio stesso che presiede a quest'ordine vive nell'eterna verità, inesteso di mole e immutabile quanto a durata; ma, in potenza, è più grande di tutti i luoghi e, nella sua eternità, più stabile di tutti i tempi. Senza di esso non sarebbe possibile ricondurre ad unità l'ampiezza di nessuna mole, né si potrebbe sottrarre alla dispersione lo svolgimento di nessun tempo: non vi potrebbe essere nulla, né un corpo che sia un corpo, né un movimento che sia un movimento. Tale criterio è l'Unità originaria, senza estensione e senza mutamento, tanto in senso finito quanto in senso infinito. Non ha infatti una parte qui ed una là, oppure una ora ed un'altra dopo, perché sommamente uno è il Padre della Verità, Padre della sua Sapienza, che, in quanto gli è simile in ogni sua parte, viene detta sua immagine e somiglianza, giacché deriva da Lui. A buon diritto pertanto è chiamata anche il Figlio che procede da Lui, mentre tutte le altre cose sono per mezzo di Lui. Infatti la forma di tutte le cose, che realizza pienamente l'Uno dal quale procede, venne prima, perché tutte le altre cose che sono, in quanto sono simili all'Uno, fossero fatte per mezzo suo.

CAPITOLO XLIV

L'UOMO È FATTO A IMMAGINE E SOMIGLIANZA DI DIO

44.82. Alcune di queste cose sono fatte mediante tale forma e in modo da essere in vista di essa, come è il caso di tutte le creature dotate di ragione e di intelletto, fra le quali l'uomo, che molto giustamente si dice fatto ad immagine e somiglianza di Dio: altrimenti non sarebbe in grado di contemplare con la mente l'immutabile verità. Altre invece sono fatte mediante essa ma non in modo da essere in vista di essa. Perciò, se l'anima razionale si sottomette al suo Creatore, dal quale, mediante il quale e per il quale è fatta, tutte le altre cose le saranno sottomesse: sia la vita al suo livello più alto, che le è tanto simile e le funge da aiuto per dominare il corpo; sia il corpo stesso, che è la più bassa delle nature ed essenze, che essa dominerà in quanto è pienamente disponibile alla sua volontà e dal quale non riceverà alcuna molestia, perché non cercherà la felicità né in esso né per mezzo di esso, ma la riceverà da Dio per la sua stessa natura. L'anima perciò governerà il corpo, rigenerato e santificato, senza il danno della corruzione e senza il peso delle difficoltà. Alla resurrezione infatti non si prende né moglie né marito, ma si è come angeli nel cielo. I cibi sono per il ventre e il ventre per i cibi! Ma Dio distruggerà questo e quelli, perché il regno di Dio non è questione di cibo o di bevanda, ma è giustizia, pace e gioia.

CAPITOLO XLV

IL PIACERE STESSO DEI SENSI SPINGE L'UOMO ALLE COSE PIÙ ALTE. LA SUPERBIA LO INDUCE AD ABBRACCIARE LA VIRTÙ

45.83. Perciò, in questo stesso piacere del corpo troviamo ciò che ci sollecita a disprezzarlo; non perché il corpo sia per sua natura un male, ma perché colui al quale è consentito di elevarsi al beni più alti e di goderne, si voltola turpemente nell'amore per un bene infimo. Quando l'auriga viene trascinato via e paga le conseguenze della sua sconsideratezza, incolpa qualunque cosa di cui si serviva; piuttosto invochi aiuto, rimettendosi al Signore di tutte le cose, e arresti i cavalli già pronti a far vedere a tutti la sua caduta e ad ucciderlo, se non viene soccorso; si rimetta al suo posto, si sistemi sopra le ruote, riprenda il controllo delle briglie, guidi con più prudenza le bestie sottomesse e domate: allora si accorgerà quanto bene sia costruito il carro nelle sue varie componenti, quale guasto l'abbia fatto cadere, facendo perdere alla sua corsa l'andatura giusta e moderata. Infatti nel paradiso terrestre ciò che rese debole questo corpo fu l'avidità dell'anima che male operò quando si appropriò del cibo proibito, contro la prescrizione del Medico in cui è riposta la salvezza eterna.

45.84. Se, dunque, nella stessa debolezza della carne visibile in cui la felicità non può essere, troviamo un ammonimento a cercare la felicità, in virtù della bellezza che dal livello più alto si diffonde fino a quello più basso, quanto più lo troveremo nel desiderio di notorietà e di eccellenza e in ogni superbia e vanagloria di questo mondo? In tutto ciò infatti l'uomo che altro cerca, se non di essere, se possibile, il solo a cui tutto è sottomesso, in una perversa imitazione dell'onnipotenza divina? Se lo imitasse sottomettendosi a Lui e vivendo secondo i suoi precetti, mediante Lui avrebbe ogni cosa sottomessa e non giungerebbe a tanta turpitudine da temere una bestiola qualunque, lui che pretende di comandare gli uomini. Dunque anche nella superbia è presente un certo desiderio di unità e di onnipotenza; tuttavia nel puro dominio delle realtà temporali, le quali passano tutte come ombra.

45.85. Vogliamo essere invincibili, e a buon diritto: il nostro animo infatti per natura trae questa aspirazione da Dio, che l'ha creato a sua immagine. Ma dovevamo osservare i suoi precetti; se li avessimo osservati, nessuno ci avrebbe vinto. Ora invece, mentre colei, alle cui parole turpemente acconsentimmo, è costretta a sopportare i dolori del parto, noi ci affanniamo sulla terra, e con grande vergogna siamo sopraffatti da tutto ciò che riesce a turbarci e sconvolgerci. Così, non vogliamo essere vinti dagli uomini, e non riusciamo a vincere l'ira. C'è una vergogna più detestabile di questa? Diciamo che l'uomo è quello che noi stessi siamo: anche se ha vizi, tuttavia non è egli stesso il vizio. Non è perciò più onorevole che ci vinca un uomo, anziché il vizio? Chi dubita poi che l'invidia sia un vizio orribile dal quale è inevitabilmente tormentato e sottomesso chi non vuole essere vinto nelle cose temporali? È meglio, dunque, che ci vinca un uomo piuttosto che l'invidia o un qualsiasi altro vizio.

CAPITOLO XLVI

L'UOMO PUÒ DIVENTARE INVINCIBILE SOLO AMANDO DIO

46.86. Ma chi ha vinto i suoi vizi, non può più essere vinto da un uomo: è vinto infatti soltanto colui al quale l'avversario porta via ciò che ama. Chi dunque ama soltanto ciò che non gli può essere portato via, inevitabilmente è invincibile e non è tormentato in nessun modo dall'invidia. Ama infatti un essere il quale, quanti più sono coloro che giungono ad amarlo e possederlo, tanto più abbondantemente egli se ne rallegra con loro. Ama Dio appunto con tutto il cuore, con tutta l'anima e con tutta la mente. Ed ama il prossimo come se stesso. Per questo non invidia che sia come egli stesso è, ma piuttosto, per quanto può, lo aiuta. Né può perdere il prossimo che ama come se stesso, perché ciò che ama in se stesso non sono le cose che cadono sotto gli occhi o sotto qualche altro senso del corpo. Ha dunque in se stesso quello che ama come se stesso.

46.87. La regola dell'amore consiste nel volere che i beni che vengono a noi vengano anche all'altro e nel non volere che capitino all'altro i mali che non vogliamo che capitino a noi stessi, e nel conservare questa disposizione d'animo verso tutti gli uomini. Nei confronti di nessuno infatti va compiuto il male, e l'amore non fa nessun male al prossimo. Amiamo dunque, come ci è stato comandato, anche i nostri nemici, se vogliamo essere veramente invincibili. Nessun uomo è invincibile per se stesso, ma per quella immutabile legge, per la quale solo coloro che la rispettano sono liberi. Poiché, in tal modo, non può essere loro portato via quello che amano, e questo soltanto li rende uomini invincibili e perfetti. Infatti, se l'uomo ama l'uomo non come se stesso, ma come si ama un giumento o un bagno o un uccellino variopinto e garrulo - ossia per ricavarne qualche piacere o vantaggio materiale - inevitabilmente si sottomette non all'uomo, ma, cosa ancora più turpe, ad un vizio tanto vergognoso e detestabile, per cui non ama l'uomo come dovrebbe essere amato. Se questo vizio in lui domina, lo accompagna fino alla fine della vita, anzi alla morte.

46.88. L'uomo tuttavia non deve essere amato dall'uomo come si amano i fratelli carnali o i figli o i coniugi o i parenti o gli affini o i concittadini: anche questo amore è temporale. Infatti non conosceremmo nessuno di questi legami, che ci provengono dal nascere e dal morire, se la nostra natura, rispettando i precetti e l'immagine di Dio, non si fosse avvolta in questa corruzione. Per questo motivo la stessa verità, richiamandoci alla primitiva e perfetta natura, ci ordina di resistere alle abitudini della carne, insegnandoci che non è adatto al regno di Dio chi non odia questi vincoli carnali. A nessuno ciò deve sembrare cosa inumana; infatti è più inumano non amare nell'uomo ciò che è uomo, ma amare ciò che è figlio, giacché questo vuol dire amare in lui non ciò che lo lega a Dio, ma ciò che lo lega a se stesso. Che c'è dunque di straordinario se non perviene al regno di Dio chi ama non ciò che appartiene a tutti, ma ciò che è suo soltanto? Si ami l'uno e l'altro, dirà qualcuno; no, solo l'uno, dice Dio; la Verità, infatti, molto giustamente afferma: Nessuno può servire a due padroni. Nessuno dunque può amare in maniera compiuta ciò a cui è chiamato, se non odia ciò da cui è sollecitato a tenersi lontano. Noi siamo chiamati alla natura umana perfetta, quale fu creata da Dio prima del nostro peccato; siamo invece sollecitati a non amare quella che abbiamo meritato col peccato. Perciò dobbiamo detestare la natura dalla quale desideriamo essere liberati.

46.89. Se ardiamo d'amore per l'eternità, dunque dobbiamo detestare i vincoli temporali. L'uomo ami il prossimo come se stesso. Poiché certamente nessuno è a se stesso o padre o figlio o parente o qualcosa del genere, ma soltanto uomo, chi ama qualcuno come se stesso, in lui deve amare ciò che egli è per se stesso. Ora, i corpi non sono ciò che noi siamo; non è perciò il corpo che si deve ricercare o desiderare nell'uomo. A questo proposito vale anche il precetto: Non desiderare i beni del tuo prossimo. Perciò, chiunque nel prossimo ama altro da quello che egli è per se stesso, non lo ama come se stesso. Dunque, ciò che si deve amare è la natura umana in se stessa, indipendentemente dalla sua condizione carnale, tanto se è già perfetta quanto se è da perfezionare. Sotto l'unico Dio Padre, sono tutti parenti coloro che lo amano e fanno la sua volontà. Tra di loro poi essi sono l'uno per l'altro padri quando si aiutano, figli quando si ubbidiscono reciprocamente e soprattutto fratelli, perché l'unico Padre con il suo testamento li chiama ad un'unica eredità.

CAPITOLO XLVII

L'UNIONE CON DIO E L'AMORE PER IL PROSSIMO RENDONO L'UOMO INVINCIBILE

47.90. Di conseguenza, perché non dovrebbe essere invincibile chi, amando l'uomo, in lui non ama che l'uomo, cioè la creatura di Dio, fatta a sua immagine, in quanto non può essere privo della natura perfetta che ama, quando egli stesso è perfetto? Così, ad esempio, se qualcuno ama chi canta bene - non questo o quello, ma soltanto uno che canti bene - essendo egli stesso un perfetto cantore, vuole che tutti siano come lui, in modo però che non gli venga a mancare quel che ama, perché egli stesso canta bene. Pertanto, se invidia qualcuno che canta bene, non è il canto che ama, ma la lode o qualcosa d'altro che desidera ottenere cantando bene o che può perdere, in parte o interamente, in presenza di un altro che canta bene. Dunque, chi invidia un buon cantore, non lo ama; per contro, chi manca di tali capacità, non è un buon cantore. Tutto ciò si può dire, in maniera molto più appropriata, di chi vive rettamente, perché non può invidiare nessuno; infatti, il fine a cui pervengono coloro che vivono rettamente conserva le stesse dimensioni per tutti e non subisce diminuzioni anche se lo possiedono in molti. Ci possono essere circostanze nelle quali il buon cantore non è in grado di cantare in modo adeguato e può aver bisogno della voce di un altro, il quale perciò gli offre ciò che ama; come quando, per esempio, si tiene un banchetto in un luogo in cui per lui sarebbe disdicevole cantare e onorevole invece ascoltare uno che canta. Al contrario, vivere giustamente è sempre onorevole. Quindi, chiunque ama vivere giustamente e lo attua, non solo non invidia i suoi imitatori, ma anche, per quanto può, si presenta loro con grande disponibilità e cortesia, pur senza averne bisogno: infatti quel che in loro ama, lo possiede in se stesso in maniera totale e perfetta. Così, quando ama il prossimo come se stesso, non prova invidia per lui, perché non la prova neppure per se stesso; gli dà ciò che può, perché lo dà a se stesso; non ha bisogno di lui, perché non ne ha di se stesso: ha bisogno soltanto di Dio, perché, unendosi a Lui, è beato. Nessuno, infatti, gli può togliere Dio. Senza alcun dubbio, perciò, è un uomo invincibile colui che sta unito a Dio, non perché ottiene da Lui qualche altro bene, ma perché per lui non c'è nessun altro bene all'infuori dello stare unito con Dio.

47.91 Un uomo così, nel corso della sua vita, si serve degli amici per ricambiare la gratitudine, dei nemici per esercitare la pazienza, di quelli ai quali può far del bene per far loro del bene, di tutti per dar prova della sua bontà. E, sebbene non ami i beni temporali, ne fa un giusto uso, aiutando gli uomini secondo la loro condizione, se non può farlo in modo eguale per tutti. Pertanto, se parla più volentieri con qualcuno dei suoi intimi che con il primo venuto, non significa che lo ami di più, ma che ha con lui maggiore confidenza e più occasioni. Tratta infatti tanto meglio quelli che sono occupati nelle questioni terrene quanto meno egli vi è impegnato. Poiché, dunque, non può essere di giovamento per tutti, che pure ama in egual misura, sarebbe ingiusto se non preferisse esserlo per coloro che gli sono più vicini. Il legame spirituale poi è più forte di quello di luogo e di tempo, nel quale siamo generati come esseri corporei, ed è un legame fortissimo, che prevale su tutti. Un tale uomo, perciò, non si affligge per la morte di nessuno, perché chi ama Dio con tutto il cuore sa che quanto non perisce per Dio neppure per lui perisce. Ora, Dio è il Signore dei vivi e dei morti. Perciò, come la giustizia altrui non lo rende giusto, così l'infelicità altrui non lo rende infelice. E come nessuno può portargli via la giustizia e Dio, così nessuno può portargli via la felicità. E se talora è turbato dal pericolo, dall'errore o dal dolore di qualcuno, è disposto a farne l'opportunità per soccorrerlo, correggerlo o consolarlo, ma non per distruggere se stesso.

47.92. In nessuna delle sue doverose incombenze viene fiaccato, sicuro nell'attesa della pace futura. Che cosa infatti potrà nuocere a colui che è in grado di trarre vantaggio anche dal nemico? Protetto e sostenuto da Dio per il cui precetto e dono ama i suoi nemici, non teme la loro inimicizia. Un uomo del genere non si rattrista troppo nelle tribolazioni; anzi addirittura ne gode, sapendo che la tribolazione produce la pazienza, la pazienza una virtù provata e la virtù provata la speranza. La speranza poi non delude, perché l'amore di Dio è stato riversato nei nostri cuori per mezzo dello Spirito Santo che ci è stato dato. Chi potrà nuocere a costui? Chi potrà sottometterlo? L'uomo che progredisce nella prosperità, nell'avversità impara a conoscere i progressi che ha compiuto. Non confida infatti nei beni mutevoli, quando abbondano; perciò quando gli sono tolti scopre che se ne era lasciato afferrare: Perché per lo più, quando li abbiamo, pensiamo di non amarli; ma quando cominciano a mancare, scopriamo chi siamo. Infatti perdiamo senza dolore ciò che possedevamo senza amarlo. Sembra dunque che vinca, mentre in realtà è vinto chi, prevalendo, ha raggiunto ciò che dovrà lasciare con dolore; al contrario, vince, mentre sembra che sia vinto chi, rinunciando, raggiunge ciò che non potrà perdere senza la sua volontà.

CAPITOLO XLVIII

LA PERFETTA GIUSTIZIA

48.93. Dunque, chi ama la libertà, cerchi di essere libero dall'amore per le cose mutevoli; e chi ama il potere, si sottometta come suddito a Dio, l'unico che regna su tutto, amandolo più di se stesso. Questa è la perfetta giustizia, per la quale amiamo di più le cose di maggior conto e di meno quelle di minor conto. Ami dunque l'anima sapiente e perfetta, così come la vede, e quella stolta non in quanto tale, ma in quanto può essere perfetta e sapiente, giacché non deve amare neppure se stesso in quanto stolto. Infatti, chi ama se stesso in quanto stolto non farà progressi verso la sapienza. E nessuno diventerà quale desidera essere, se non avrà odiato se stesso come è. Ma, fino a che non avrà raggiunto la sapienza e la perfezione, sopporti la stoltezza del prossimo con la stessa disposizione d'animo con la quale sopporterebbe la propria, se fosse stolto e amasse la sapienza. Perciò, se la stessa superbia è un'ombra della vera libertà e del vero regno, anche per mezzo di essa la divina Provvidenza ci ricorda di che cosa noi peccatori siamo segni e dove dobbiamo ritornare, una volta ripresa la giusta via.

CAPITOLO XLIX

ANCHE LA CURIOSITÀ È MONITO A CERCARE LA VERITÀ

49.94. Che altro, poi, hanno di mira gli spettacoli e tutto ciò che chiamiamo curiosità, se non la gioia di conoscere le cose? Che c'è, dunque, di più ammirevole e di più bello della verità stessa, a cui ogni spettatore dà prova manifesta di voler pervenire, quando vigila attentamente per non farsi ingannare e. poi, si vanta se nello spettacolo riesce a cogliere qualcosa e a giudicarla con maggior acume e prontezza degli altri? Guardano con molta attenzione anche il prestigiatore, benché non prometta nient'altro che inganno, e lo osservano con grande impegno; se poi vengono ingannati, si compiacciono della sagacia di colui che li inganna, non potendolo fare della propria. Infatti, qualora il prestigiatore non sapesse per quali motivi gli spettatori si ingannano, o desse l'impressione di non conoscerli, nessuno lo applaudirebbe, essendo anch'egli in errore. Se però qualcuno del pubblico da solo ne scopre il trucco, ritiene di meritare una lode maggiore della sua, se non altro perché è riuscito a non farsi raggirare e ingannare. Se invece l'inganno è chiaro a molti, il prestigiatore non viene lodato, ma vengono derisi tutti gli altri che non sono capaci di scoprirlo. La palma della vittoria così è data sempre alla conoscenza, alla perizia tecnica, alla capacità di comprendere la verità: essa però in nessun modo è raggiunta da coloro che la cercano al di fuori i se stessi.

49.95. Pur tuttavia siamo immersi in frivolezze e turpitudini cosi grandi che, alla domanda se sia preferibile il vero o il falso, ad una sola voce rispondiamo che è preferibile il vero; ma poi ci attacchiamo ai giochi e agli svaghi, dove di certo sono le cose false che ci dilettano, non quelle vere, con molta più inclinazione che non ai precetti della verità. Così siamo puniti dal nostro stesso giudizio e dalla nostra parola, perché con la ragione riconosciamo buona una cosa, mentre per vanità ne seguiamo un'altra. Ma una cosa ci diverte e ci rende allegri fino a quando sappiamo in rapporto a quale verità essa provoca il riso. Ora, con l'amare i giochi e gli svaghi ci allontaniamo dalla verità e non troviamo più di quali cose essi siano imitazioni; li desideriamo intensamente come se fossero bellezze supreme e, anche quando ce ne allontaniamo, abbracciamo le nostre immaginazioni. E queste, se poi torniamo a cercare la verità, ci vengono incontro lungo il cammino e non ci consentono di procedere oltre, assalendoci senza violenza ma con abili insidie, poiché non abbiamo compreso in tutto il suo valore il significato del detto guardatevi dai falsi dèi.

49.96. Per questo motivo alcuni sono stati portati per innumerevoli mondi dal loro errabondo pensiero. Altri hanno ritenuto che Dio non potesse essere che un corpo di fuoco. Altri ancora, con le loro fantasie, hanno immaginato che lo splendore della luce fosse esteso ovunque per infiniti spazi, ma che da una parte fosse interrotto come da un cuneo nero, e perciò hanno congetturato due opposti regni, ponendoli come principi delle cose. Se li obbligassi a giurare sulla verità di queste idee, forse non oserebbero farlo, ma a loro volta mi direbbero: "Mostraci tu, dunque, cosa è vero". E se rispondessi loro che debbono cercare solo quella luce per la quale appare loro, ed è certo, che una cosa è credere e un'altra comprendere, anch'essi giurerebbero che questa luce non si può vedere con gli occhi né si può pensare come diffusa in un ampio spazio, e che è dovunque a disposizione di chi la cerca, e che non si può trovare niente di più certo e di più chiaro di essa.

49.97. D'altro canto, tutto ciò che ora ho detto di questa luce della mente, risulta manifesto solo in virtù di questa stessa luce. Per mezzo di essa, infatti, comprendo che sono vere le cose dette, e ancora per mezzo di essa comprendo che le comprendo: così avviene sempre di nuovo, quando ciascuno comprende di comprendere qualcosa e ancora comprende questo suo comprendere. Comprendo che si può andare all'infinito e che in tutto ciò non c'è nessuno sviluppo né in senso spaziale né in senso temporale; comprendo inoltre che non potrei comprendere se non vivessi e con maggior certezza comprendo di vivere in maniera più intensa quando comprendo: è per la sua intensità appunto che la vita eterna supera quella temporale. E non riesco a percepire in cosa consista l'eternità, se non con l'intelligenza. Con lo sguardo della mente, infatti, distinguo l'eternità da tutto ciò che è mutevole e in essa non vedo alcun intervallo di tempo, perché gli intervalli di tempo scaturiscono dai movimenti passati e futuri delle cose. Nell'eternità, invece, nulla passa e nulla deve avvenire, perché ciò che passa cessa di essere e ciò che deve avvenire non ha ancora cominciato ad essere. L'eternità è soltanto: né fu, come se ormai non sia più, né sarà, come se ancora non sia. Perciò essa sola poté dire alla mente umana con piena verità: Io sono colui che sono; e con altrettanta verità di lei si poté dire: È Colui che è che mi ha mandato.

CAPITOLO L

COME VANNO INTERPRETATE LE SACRE SCRITTURE

50.98. Se non possiamo ancora godere dell'eternità, attribuiamolo almeno alle nostre immaginazioni ed espelliamo dalla scena della nostra mente giochi così futili ed ingannatori. Per salire serviamoci dei mezzi che la divina Provvidenza si è compiaciuta di creare per noi. Quando, infatti, troppo presi da divertenti immagini, ci perdevamo dietro ai nostri pensieri e volgevamo tutta la vita a certi vani sogni, Dio, nella sua indicibile misericordia, non disdegnò di giocare, in certo modo, con noi bambini per mezzo di parabole e similitudini, facendo ricorso, attraverso suoni e scritti (dal momento che la creatura razionale è sottomessa alle sue leggi), al fuoco, al fumo, alla nube, alla colonna come a parole visibili, e di curare i nostri occhi interiori con questa sorta di fango.

50.99. Distinguiamo, dunque, la fede che dobbiamo prestare alla storia da quella che dobbiamo prestare all'intelligenza e che cosa dobbiamo affidare alla memoria, senza sapere che è vero, ma tuttavia credendolo tale. Distinguiamo inoltre dove si trovi la verità, che non viene e non passa, ma rimane sempre nello stesso modo. E ancora: quale sia il modo secondo cui dobbiamo interpretare l'allegoria che, nello Spirito Santo, crediamo proferita mediante la sapienza: se sia sufficiente estenderla dalle cose visibili più antiche a quelle visibili più recenti o fino alle affezioni e alla natura dell'anima, oppure fino all'immutabile eternità; se di queste allegorie alcune indichino atti visibili, altre moti dell'animo, altre ancora la legge dell'eternità; e se ve ne siano alcune nelle quali bisogna rintracciare tutte queste cose. Da ricercare è anche in cosa consista la fede stabile, sia storica e temporale che spirituale ed eterna, verso la quale si deve orientare ogni interpretazione secondo l'autorità; e in quale misura la fede nelle cose temporali giovi alla comprensione e al raggiungimento delle realtà eterne, che sono il fine di tutte le buone azioni. E quale differenza vi sia tra l'allegoria della storia e quella del fatto, e tra l'allegoria del discorso e quella del rito sacro; e come lo stesso linguaggio delle Sacre Scritture debba essere inteso secondo le caratteristiche di ciascuna lingua, poiché ogni lingua ha certi suoi propri generi di espressione che, tradotti in un'altra lingua, sembrano privi di senso. A cosa giovi un linguaggio così umile per cui nel libri sacri si trovano non solo espressioni che si riferiscono all'ira di Dio, alla sua tristezza, al suo risveglio dal sonno, alla sua memoria, alla sua dimenticanza e a molte altre cose che possono capitare agli uomini buoni, ma anche termini come pentimento, gelosia, crapula e altri simili. E se gli occhi di Dio, le mani, i piedi e altre membra di tal genere, che vengono menzionate nelle Scritture, debbano essere intese secondo l'aspetto visibile del corpo umano, come avviene per l'elmo, lo scudo, la spada, la cintura e simili, oppure in riferimento alle facoltà intelligibili e spirituali. E soprattutto occorre chiedersi quale giovamento derivi al genere umano dal fatto che la Provvidenza divina abbia parlato con noi attraverso una creatura razionale, generata e corporea, a lei sottomessa. Una volta conosciuto ciò, l'anima si libera di ogni puerile protervia e si apre alla santa religione.

CAPITOLO LI

LE SACRE SCRITTURE SODDISFANO L'UMANA SETE DI CONOSCENZA

51.100. Dunque, messe da parte e ripudiate le frivolezze del teatro e della poesia, nutriamo e dissetiamo, con la meditazione e lo studio delle Sacre Scritture, l'animo stanco e tormentato dalla fame e dalla sete della vana curiosità, e che inutilmente aspira a ristorarsi e saziarsi con vuote immagini, simili a cibi dipinti: istruiamoci con questa salutare occupazione, davvero liberale e nobile. Se proviamo piacere per la straordinarietà degli spettacoli e per la bellezza, aspiriamo a vedere quella Sapienza, che si estende da un confine all'altro con forza e governa con bontà eccellente ogni cosa. Che c'è, infatti, di più mirabile della forza incorporea che crea e governa il mondo corporeo? E che c'è di più bello di essa, che lo ordina e lo adorna?

CAPITOLO LII

IL RITORNO A DIO ATTRAVERSO LE COSE SENSIBILI

52.101. Dal momento che, come tutti riconoscono, queste cose si percepiscono tramite il corpo e che l'anima è migliore del corpo, essa non vedrà nulla da sé e ciò che vedrà non sarà di gran lunga più eccellente e superiore? Anzi, sollecitati da quel che giudichiamo ad esaminare la norma in base a cui giudichiamo e spinti dalle opere delle arti a considerare le leggi delle arti stesse, con la mente contempleremo quella bellezza a confronto della quale sono brutte quelle cose che, grazie ad essa, sono belle. Infatti, dalla creazione del mondo in poi, le perfezioni invisibili di Dio possono essere contemplate con l'intelletto nelle opere da lui compiute, come la sua eterna potenza e divinità. In questo consiste il ritorno dalle realtà temporali a quelle eterne, e il rinnovamento della vita con il passaggio dall'uomo vecchio all'uomo nuovo. C'è forse qualcosa che potrebbe non ricordare all'uomo che deve raggiungere la virtù, dal momento che possono svolgere tale funzione perfino i vizi? A che aspira, infatti, la curiosità se non alla conoscenza, che può essere certa solo se riguarda le realtà eterne e che non mutano mai? A che la superbia se non al potere che ha per scopo la libertà di azione, la quale è raggiunta solo dall'anima perfetta, sottomessa a Dio e rivolta con sommo ardore al suo regno? A che il piacere del corpo, se non al riposo che si trova solo dove non c'è nessuna indigenza e corruzione? Dunque, dobbiamo evitare l'infimo regno, ovvero le pene più gravi che possono toccarci dopo questa vita, dove non è più possibile ricordare la verità non essendo più possibile l'uso della ragione, in quanto essa non è più inondata dalla vera luce, che illumina ogni uomo che viene in questo mondo. Affrettiamoci, dunque, e camminiamo finché è giorno, perché le tenebre non ci sorprendano . Affrettiamoci a liberarci della seconda morte, dove non c'è nessuno che si ricordi di Dio, e dell'inferno, dove nessuno rende onore a Dio

CAPITOLO LIII

I FINI DEGLI STOLTI E QUELLI DEI SAGGI SONO DIVERSI

53.102. Ma ci sono alcuni infelici che, disprezzando le cose che conoscono e godendo delle novità, preferiscono apprendere più che sapere, sebbene il sapere sia il fine dell'apprendere. Altri poi, senza tenere in alcun conto la libertà di azione, preferiscono la lotta più che la vittoria, sebbene la vittoria sia il fine della lotta. E altri ancora, non avendo alcuna cura per la salute del corpo, preferiscono il mangiare all'esser sazi, il godere degli organi genitali più che il patirne l'eccitazione. Altri infine preferiscono il dormire al non aver sonno. Eppure il fine di tutti quei piaceri è di non aver fame e sete, di non desiderare il rapporto sessuale e di non provare la stanchezza fisica.

53.103. Perciò, quelli che aspirano a raggiungere questo obiettivo, in primo luogo non provano curiosità, poiché sanno che la conoscenza certa è quella interiore e di essa godono, per quanto è consentito in questa vita. Quindi, messa da parte ogni pervicacia, raggiungono la libertà di azione, consapevoli che non opporsi all'animosità di alcuni è vittoria più grande e più facile e mantengono questa disposizione per quanto è loro possibile in questa vita. Infine, ottengono anche il riposo del corpo, astenendosi da quelle cose che non sono indispensabili per questa vita: così gustano quanto è soave il Signore. Non avranno dubbi circa quel che li attende dopo questa vita e si nutrono di fede, di speranza e di carità in vista della propria perfezione. Dopo questa vita anche la conoscenza diventerà perfetta, perché, se ora la nostra conoscenza è incompleta, una volta raggiunta la perfezione, essa non sarà più tale. Anche la pace sarà totale. Ora, infatti, nelle mie membra opera una legge che è in contrasto con quella della mia mente, ma la grazia di Dio, per mezzo di Gesù Cristo nostro Signore, ci libererà da questo corpo di morte; perché, mentre siamo in cammino con il nostro avversario, in gran parte siamo d'accordo con lui. Allora, invece, il corpo godrà di perfetta salute e non proverà nessuna indigenza e stanchezza, perché questa realtà corruttibile, nel tempo e secondo l'ordine in cui avverrà la resurrezione della carne, si vestirà di incorruttibilità. Non c'è da meravigliarsi pertanto se ciò verrà concesso a coloro che nella conoscenza amano solo la verità, nell'azione solo la pace e nel corpo solo la salute. Per essi infatti, dopo questa vita, si compirà ciò che in essa hanno amato di più.

CAPITOLO LIV

DIVERSA È ANCHE LA SORTE DEGLI STOLTI E DEI SAGGI

54.104. A coloro dunque che fanno un cattivo uso di un bene così grande come quello della mente, in modo da ricercare al di fuori di essa soprattutto le cose visibili, dalle quali invece avrebbero dovuto essere indotti a contemplare e amare le cose intelligibili, saranno riservate le tenebre esteriori. Queste hanno il loro inizio certamente nella prudenza della carne e nella debolezza dei sensi corporei. Chi trova piacere nelle lotte, rifuggirà dalla pace e si impiglierà in grandissime difficoltà; la guerra e la contesa infatti costituiscono l'inizio della massima difficoltà. Il fatto che gli vengano legate le mani e i piedi, credo appunto che voglia significare che gli viene tolta ogni libertà di azione. Coloro che vogliono avere sete e fame, ardere dal desiderio e affaticarsi, per poter poi provare il piacere di mangiare, bere, unirsi carnalmente e dormire, amano l'indigenza, che è l'inizio delle sofferenze maggiori. Per essi dunque si compirà quello che è stato il proposito della loro vita, così che andranno là dove è pianto e stridore di denti.

54.105. Molti, in effetti, sono quelli che amano tutti questi vizi insieme; la loro vita perciò consiste nell'assistere a spettacoli, nel gareggiare, mangiare, bere, unirsi carnalmente e dormire, quindi nel tenere strette, nel loro pensiero, soltanto le immagini che traggono da questo genere di vita, e nel fissare le regole della superstizione e dell'empietà, desumendole da tali immagini fallaci. A tali regole, che li inducono in errore, restano attaccati, anche se cercano di sottrarsi alle lusinghe della carne. Infatti fanno cattivo uso del talento loro dato, cioè della perspicacia della mente, per la quale sembrano eccellere tutti coloro che sono chiamati dotti o colti o di ingegno vivace: la conservano avvolta in un sudario o sepolta in terra, cioè coperta e soffocata da cose voluttuose e superflue, o dalle cupidigie terrene. Perciò saranno loro legati mani e piedi, e saranno gettati nelle tenebre esteriori, dove sarà pianto e stridore di denti. Saranno sottoposti a questi tormenti non perché li hanno amati (chi mai infatti li ama?), ma perché ne sono l'origine le cose che hanno amato, e quindi vi conducono inevitabilmente chi le ama. Coloro, infatti, che preferiscono andare piuttosto che ritornare o arrivare, devono essere mandati nei luoghi più lontani, perché sono carne, un soffio che va e non ritorna.

54.106. Chi invece fa uso dei cinque sensi del corpo per credere ed annunciare le opere di Dio e per promuovere l'amore per Lui, o dell'azione o della conoscenza per riacquistare la pace e conoscere Dio, entra nella gioia del suo Signore. È per questo che il talento, che viene tolto a chi ne fa cattivo uso, è dato a chi ha fatto buon uso dei cinque talenti. Non perché si possa trasferire l'acutezza dell'intelligenza, ma perché con ciò si capisca che la possono perdere i negligenti e i malvagi, mentre vi possono pervenire i diligenti e i pii, anche se fossero gli uni più dotati di ingegno e gli altri di meno. Quel talento non è dato a chi ne ha ricevuti due (infatti colui che si comporta bene nell'azione e nella conoscenza lo possiede già), ma a chi ne ha ricevuti cinque. Infatti chi si affida solo alle realtà visibili, cioè a quelle temporali, non possiede ancora l'acutezza della mente che gli consente di contemplare le realtà eterne; invece la può ottenere chi rende lode a Dio come all'artefice di tutte le realtà sensibili: ne dà prova con la fede, Lo attende con la speranza e Lo cerca con la carità.

CAPITOLO LVII

ESORTAZIONE FINALE ALLA VERA RELIGIONE

55.107. Stando così le cose, vi esorto, o uomini carissimi e a me vicini, e con voi esorto me stesso, a correre quanto più celermente possibile verso la mèta a cui Dio ci chiama attraverso la sua Sapienza. Non amiamo il mondo, perché tutto quello che è nel mondo è concupiscenza della carne, concupiscenza degli occhi e vanità mondana. Non desideriamo di corrompere e di lasciarci corrompere dal piacere della carne, per non incorrere nell'ancora più miserevole corruzione dei dolori e dei tormenti. Non amiamo le contese, per non essere consegnati in potere di quegli angeli che ne gioiscono, ed essere così umiliati, incatenati e percossi. Non amiamo gli spettacoli visibili per evitare che, con l'allontanarci dalla verità e con l'amare le ombre, siamo gettati nelle tenebre.

55.108. Facciamo in modo che la nostra religione non consista in vuote rappresentazioni. Una cosa qualsiasi infatti, purché vera, è migliore di tutto quello che può essere immaginato ad arbitrio; non per questo, comunque, dobbiamo venerare l'anima, sebbene essa sia un'anima vera, quando immagina cose false. Un vero filo di paglia è migliore della luce prodotta dalla vana immaginazione di chi fantastica a suo piacimento; tuttavia è da folle ritenere che si debba venerare il filo di paglia che vediamo e tocchiamo. Facciamo in modo che la nostra religione non consista nel culto delle opere umane. Sono infatti migliori gli artefici che le hanno fabbricate, anche se non è questo un motivo per venerarli. Che non consista nel culto di animali; migliori di essi infatti sono anche gli ultimi tra gli uomini, che, comunque, non dobbiamo venerare. Che non consista nel culto dei morti; perché, se sono vissuti piamente, è da ritenere che non ricerchino tali lodi, ma vogliano invece che veneriamo Colui per la cui luce gioiscono, condividendo con essi il loro merito. Dobbiamo dunque rendere loro onore come esempi, non come oggetto di culto religioso. Se essi invece hanno vissuto male, ovunque siano, non dobbiamo venerarli. Che non consista nel culto dei demoni, perché ogni superstizione, mentre per loro è un onore e un trionfo, per gli uomini è un grande tormento e una pericolosissima infamia.

55.109. La nostra religione non consista neppure nel culto delle terre e delle acque, perché già l'aria, anche piena di caligine, è più pura e più luminosa di esse; comunque non la dobbiamo venerare. Non consista neppure nel culto dell'aria più pura e più limpida, perché essa si oscura quando manca la luce; peraltro, più puro di essa è lo splendore del fuoco: non per questo però lo dobbiamo venerare, dal momento che lo accendiamo e lo spegniamo a nostro piacimento. Non consista nel culto dei corpi eterei e celesti, perché, sebbene siano giustamente anteposti a tutti gli altri corpi, tuttavia sono inferiori a qualsiasi forma di vita. Se poi sono animati, qualsiasi anima è per se stessa migliore di ogni corpo animato, e tuttavia nessuno riterrà degna di venerazione un'anima soggetta al vizi. Non consista nel culto di quella vita che si dice propria degli alberi, perché è una vita priva di sensibilità. Fa parte del genere di vita da cui procede anche l'armoniosa struttura del nostro corpo, come pure la vita delle ossa e dei capelli, che vengono tagliati senza che se ne provi sensazione alcuna. La vita sensibile, dunque, è migliore di tale vita; ma di certo non dobbiamo venerare la vita degli animali.

55.110. Non consista la nostra religione neppure nella stessa perfetta e sapiente anima razionale, né in quella preposta al governo dell'universo o delle sue parti, né in quella che nei grandi uomini attende la trasformazione che la rinnovi, perché ogni vita razionale, se è perfetta, obbedisce all'immutabile verità che le parla interiormente senza strepito, mentre, se non le obbedisce, diviene viziosa. Non è per se stessa perciò che eccelle, ma per quella verità cui obbedisce di buon grado. Di conseguenza, ciò che è venerato dal più elevato degli angeli deve essere venerato anche dall'ultimo degli uomini, perché è proprio non venerandolo che la natura umana è divenuta l'ultima. L'angelo non è saggio per un motivo e l'uomo per un altro, né l'angelo è veritiero per un motivo e l'uomo per un altro; ma entrambi sono tali per un'unica immutabile sapienza e verità. Infatti, nell'ambito del disegno di salvezza che percorre i tempi è avvenuto che la stessa Virtù divina, l'immutabile Sapienza di Dio, consustanziale e coeterna al Padre, si degnasse di assumere la natura umana, per insegnarci in tal modo che l'uomo deve venerare ciò che deve venerare ogni creatura dotata di intelletto e ragione. Crediamo che anche gli angeli migliori e i ministri più eccellenti di Dio vogliano che, insieme con essi, veneriamo l'unico Dio, la cui contemplazione è per loro causa di beatitudine. Non è certo la vista di un angelo che ci rende beati, ma piuttosto quella della verità, per la quale amiamo anche gli angeli e con loro ci rallegriamo. E non proviamo invidia per il fatto che godono della verità in maniera più adeguata e senza alcun impedimento che li ostacoli; al contrario, li amiamo di più perché anche a noi il nostro comune Signore ha ordinato di sperare qualche cosa di simile. Perciò li onoriamo con amore, non con animo da schiavi, e senza innalzare loro templi; non vogliono infatti essere onorati così, perché sanno che noi stessi, quando siamo buoni, siamo templi del sommo Dio. A buon diritto, pertanto, nelle Scritture è detto che l'angelo proibì all'uomo di venerarlo e gli prescrisse invece di venerare l'unico Dio, a cui anche lui era sottomesso.

55.111. Gli angeli poi, che ci invitano a servirli e a venerarli come dèi, sono simili ai superbi, i quali, se fosse loro consentito, aspirerebbero ad essere venerati nello stesso modo. Comunque è più pericoloso venerare quegli angeli che tollerare questi uomini. Ogni dominio dell'uomo sull'uomo termina o con la morte di chi domina o con quella di chi serve; invece la sottomissione alla superbia degli angeli cattivi riguarda anche il tempo che segue la morte, perciò è motivo di maggior timore. Inoltre chiunque può rendersi conto che, mentre sotto il dominio di un uomo, ci è ancora consentito di esercitare la libertà di pensiero, invece, sotto il dominio di questi angeli, trepidiamo per la nostra stessa mente che è l'unico occhio di cui disponiamo per contemplare e cogliere la verità. Se, dunque, in conformità al nostri vincoli sociali, siamo sottomessi a tutti gli organi di potere dati agli uomini per governare lo Stato, rendendo a Cesare quello che è di Cesare e a Dio quello che è di Dio non c'è da temere che qualcuno esiga da noi un analogo comportamento dopo la morte. Una cosa infatti è la sottomissione dell'anima, un'altra la sottomissione del corpo. I giusti, che ripongono solo in Dio tutte le loro gioie, quando qualcuno rende gloria a Dio per le loro azioni, si rallegrano con costui; quando invece sono loro ad essere lodati, correggono, per quanto possono, coloro che compiono questo errore; se però non è possibile, non si compiacciono con loro, ma vogliono che si emendino da quel vizio. Ora, se gli angeli buoni e tutti i santi ministri di Dio sono simili ai giusti o addirittura superiori a loro in fatto di purezza e di santità, che timore abbiamo di offenderne qualcuno, a meno che non siamo superstiziosi, quando, con il loro aiuto, cerchiamo di raggiungere l'unico Dio e a Lui solo leghiamo le nostre anime (da dove si crede che provenga il termine "religione"?), ponendoci al riparo da ogni superstizione?

55.112. Ecco, io venero un solo Dio, unico Principio di tutte le cose, Sapienza per la quale è sapiente ogni anima sapiente e Dono per cui è beato ogni essere beato. Ogni angelo che ama questo Dio, sono certo che ama anche me. Ogni angelo che dimora in Lui e può ascoltare le preghiere umane, mi esaudisce in Lui. Ogni angelo che ha Lui come suo bene, in Lui mi aiuta e non può provare invidia nei miei confronti perché ne partecipo. Mi dicano dunque gli adoratori o gli adulatori delle parti del mondo quale altro essere, che non sia quello ottimo, non leghi a sé quanti venerano l'unico essere che i migliori amano, della cui conoscenza godono e che consente loro, a Lui ricorrendo come loro principio, di diventare migliori. Senza dubbio, invece, non deve essere venerato quell'angelo che ama i suoi atti di superbia, che rifiuta di essere sottomesso alla verità e che, volendo gioire del suo bene particolare, si è allontanato dal bene comune e dalla vera felicità e che soggioga e opprime tutti i malvagi, ma al quale nessun uomo buono è dato in suo potere se non per essere messo alla prova. La sua gioia è la nostra miseria, il suo danno il nostro ritorno a Dio.

55.113. La religione dunque ci leghi al Dio unico e onnipotente, dal momento che tra la nostra mente, con la quale lo riconosciamo come Padre, e la verità, cioè la luce interiore mediante la quale lo riconosciamo, non vi è interposta nessuna creatura. Veneriamo quindi in Lui e con Lui anche la stessa Verità, in nulla dissimile da Lui, la quale è forma di tutte le cose che dall'Uno sono state fatte e all'Uno tendono. E da ciò appare chiaro alle anime spirituali che tutte le cose sono state fatte secondo questa forma, che sola porta a compimento ciò a cui tutte le cose aspirano. Tuttavia le cose non sarebbero state create dal Padre mediante il Figlio e non rimarrebbero intatte nei limiti della loro natura, se Dio non fosse sommamente buono: Egli non ha provato invidia nei confronti di nessuna natura, che poteva essere buona per opera sua, e ha consentito alle cose di rimanere nel bene stesso, alcune per quanto volessero, altre per quanto potessero. Perciò, insieme al Padre e al Figlio, dobbiamo venerare e abbracciare il dono stesso di Dio, ugualmente immutabile: Trinità di un'unica sostanza, unico Dio dal quale siamo, per il quale siamo e nel quale siamo: ce ne siamo allontanati cessando di essere simili a Lui, ma non ci ha consentito di perire. Egli è il principio al quale ritorniamo, la forma che seguiamo e la grazia per cui siamo riconciliati: l'unico Dio, per la cui opera siamo stati creati, per la cui somiglianza siamo formati all'unità e per la cui pace aderiamo all'unità. Egli è il Dio che ha detto: Sia fatto, ed è il Verbo per mezzo del quale fu fatto tutto ciò che ha una sostanza ed una natura; Dono della sua bontà, per il quale piacque al suo autore e si legò con Lui, affinché non andasse perduto nulla di ciò che da Lui fu fatto per mezzo del Verbo. È l'unico Dio per la cui opera creatrice viviamo, per la cui rigenerazione viviamo secondo sapienza e per cui, amandolo e godendone, viviamo felicemente. È l'unico Dio dal quale, per il quale e nel quale sono tutte le cose. A Lui sia gloria nei secoli dei secoli. Così sia.

Indice generale

CAPITOLO I DISACCORDO TRA DOTTRINA E CULTO NEI FILOSOFI PAGANI..5

CAPITOLO II SOCRATE SI LIBERA DELL'IDOLATRIA, MA RESTA ANCORA LONTANO DAL VERO IO...................6

CAPITOLO III IL CRISTIANESIMO COME VERA RELIGIONE E LA SUA DIFFUSIONE UNIVERSALE............8

CAPITOLO IV NON MERITANO CONSIDERAZIONE I FILOSOFI CHE RESTANO ATTACCATI ALLE REALTÀ SENSIBILI...13

CAPITOLO V LA CHIESA CATTOLICA E LE SUE SETTE 15

CAPITOLO VI ANCHE GLI ERRANTI RIENTRANO NEL PIANO DI SALVEZZA PREVISTO DALLA DIVINA PROVVIDENZA
E REALIZZATO DALLA CHIESA..17

CAPITOLO VII LE RAGIONI DELLA FEDE E DELL'ADESIONE ALLA CHIESA CATTOLICA...................19

CAPITOLO VIII AUTORITÀ E RAGIONE. ANCHE GLI ERETICI GIOVANO ALLA CHIESA CATTOLICA................21

CAPITOLO IX LA FEDE CRISTIANA NON TEME LE INSIDIE DEL DUALISMO MANICHEO…........................23

CAPITOLO X L'ORIGINE DELL'ERRORE IN MATERIA DI RELIGIONE..................25

CAPITOLO XI OGNI VITA PROVIENE DA DIO LA MORTE DELLE ANIMA CONSISTE NELLA MALVAGITÀ..................28

CAPITOLO XII CADUTA E REDENZIONE DELL'UOMO 30

CAPITOLO XIII LA CADUTA DELL'ANGELO MALVAGIO 33

CAPITOLO XIV IL PECCATO DIPENDE DALLA LIBERA VOLONTÀ DELL'UOMO..................34

CAPITOLO XV LA PENA DEL PECCATO NON È SOLO UNA PUNIZIONE, MA ANCHE UN AMMONIMENTO DI DIO ALL'UOMO PERCHÉ SI RAVVEDA..................36

CAPITOLO XVI IL BENEFICO EFFETTO DELL'INCARNAZIONE DI CRISTO..................38

CAPITOLO XVII IL METODO DI INSEGNAMENTO NELL'ANTICO E NEL NUOVO TESTAMENTO..................41

CAPITOLO XVIII LA CREAZIONE DAL NULLA CAUSA DELLA MUTABILITÀ DELLE CREATURE..................44

CAPITOLO XIX TUTTO È BENE, ANCHE CIÒ CHE SI CORROMPE, MA NON AL PIÙ ALTO GRADO..................46

CAPITOLO XX LA CORRUZONE DELL'ANIMA SCATURISCE DALLA TRASGRESSIONE DELL'ORDINE NATURALE..................47

DE VERA RELIGIONE – AGOSTINO D'IPPONA

CAPITOLO XXI LA DISPERSIONE NEL DIVENIRE.........51

CAPITOLO XXII LA MUTABILITÀ DELLE COSE NON È UN MALE..................53

CAPITOLO XXIII OGNI SOSTANZA È BENE, SOLO LA COLPA È MALE....................55

CAPITOLO XXIV ALLA SALVEZZA DELL'UOMO CONCORRONO L'AUTORITÀ E LA RAGIONE.................57

CAPITOLO XXV L'AUTORITÀ CHE L'UOMO DEVE SEGUIRE..................58

CAPITOLO XXVI LA PROVVIDENZA E LE SEI ETÀ DELL'UOMO....................61

CAPITOLO XXVII L'UOMO VECCHIO E L'UOMO NUOVO NELLA STORIA DEL GENERE UMANO...............64

CAPITOLO XXVIII COSA SI DEVE INSEGNARE, A CHI E CON QUALI MEZZI..................66

CAPITOLO XXIX LA RAGIONE È SUPERIORE AI SENSI 68

CAPITOLO XXX LA VERITÀ È SUPERIORE ALLA RAGIONE..................70

CAPITOLO XXXI DIO È LA LEGGE SUPREMA E IMMUTABILE DI OGNI GIUDIZIO..................74

CAPITOLO XXXII L'UNITÀ IN SE STESSA SI INTUISCE SOLO CON LA MENTE..................77

CAPITOLO XXXIII L'ERRORE NON DIPENDE DAI

CORPI O DAI SENSI, MA DAL GIUDIZIO..............................80

CAPITOLO XXXIV COME SI DEVONO GIUDICARE LE IMMAGINI SENSIBILI..............................82

CAPITOLO XXXV SOLO NELLA CONTEMPLAZIONE DI DIO L'ANIMA TROVA LA QUIETE..............................85

CAPITOLO XXXVI ERRORE E VERITÀ..............................87

CAPITOLO XXXVII L'IDOLATRIA NASCE DALL'AMORE PER LE CREATURE..............................89

CAPITOLO XXXVIII LE TRE FORME DELLA CONCUPISCENZA..............................91

CAPITOLO XXXIX PERFINO I VIZI SONO UN RICHIAMO A DIO. INTERIORITÀ E TRASCENDENZA....94

CAPITOLO XL LA BELLEZZA DEI CORPI COME RIFLESSO DELL'ORDINE UNIVERSALE..............................97

CAPITOLO XLI C'È BELLEZZA ANCHE NELLA PENA DEL PECCATO..............................101

CAPITOLO XLII LA CONCUPISCENZA STESSA DELLA CARNE SOLLECITA L'UOMO A CERCARE L'ARMONIA INVISIBILE..............................104

CAPITOLO XLIII LA VERITÀ ETERNA È LA RAGIONE DELL'ORDINE UNIVERSALE..............................106
CAPITOLO XLIV L'UOMO È FATTO A IMMAGINE E SOMIGLIANZA DI DIO..............................109

CAPITOLO XLV IL PIACERE STESSO DEI SENSI SPINGE

L'UOMO ALLE COSE PIÙ ALTE. LA SUPERBIA LO INDUCE AD ABBRACCIARE LA VIRTÙ..........................110

CAPITOLO XLVI L'UOMO PUÒ DIVENTARE INVINCIBILE SOLO AMANDO DIO...................113

CAPITOLO XLVII L'UNIONE CON DIO E L'AMORE PER IL PROSSIMO RENDONO L'UOMO INVINCIBILE..........117

CAPITOLO XLVIII LA PERFETTA GIUSTIZIA................121

CAPITOLO XLIX ANCHE LA CURIOSITÀ È MONITO A CERCARE LA VERITÀ...122

CAPITOLO L COME VANNO INTERPRETATE LE SACRE SCRITTURE..126

CAPITOLO LI LE SACRE SCRITTURE SODDISFANO L'UMANA SETE DI CONOSCENZA...................................129

CAPITOLO LII IL RITORNO A DIO ATTRAVERSO LE COSE SENSIBILI..130

CAPITOLO LIII I FINI DEGLI STOLTI E QUELLI DEI SAGGI SONO DIVERSI..132

CAPITOLO LIV DIVERSA È ANCHE LA SORTE DEGLI STOLTI E DEI SAGGI...134

CAPITOLO LVII ESORTAZIONE FINALE ALLA VERA RELIGIONE..137

CERCA LE ALTRE OPERE DI SANT'AGOSTINO SU
LIMOVIA.NET

GRAZIE!

www.ingramcontent.com/pod-product-compliance
Lightning Source LLC
Chambersburg PA
CBHW061658040426
42446CB00010B/1794